U0731409

高职高专会计专业系列教材

财经商贸跨专业综合实训

Caijing Shangmao Kuazhuanye Zonghe Shixun

李敬飞 罗平实 / 主 编

蒋 莉 李敬改 熊梦鸿 杨 洁 / 副主编

重庆大学出版社

内容提要

本书遵循"将社会搬进校园"的理念,构建由制造企业、贸易公司、会计师事务所、银行、 ~~……~~ 等高仿真的"微型经济社会"跨专业综合实训平台。通过本课程教学,使学生在工作中了解 ~~……~~ 作岗位、企业、行业和社会,全面培养学生实践能力和创新精神,提高学生基本技能和决策能力 ~~……~~ 5 个项目,具体包括跨专业综合实训概述、创建企业、企业内部岗位实训、企业外部岗位实训及电 ~~……~~ 营。本书可供高职高专财经类、商贸类等各专业学生学习使用,也可供社会相关人士自学使用。

图书在版编目 (CIP) 数据

财经商贸跨专业综合实训 / 李敬飞,罗平实主编
. -- 重庆:重庆大学出版社,2018.5
高职高专会计专业系列教材
ISBN 978-7-5689-1122-1

Ⅰ. ①财… Ⅱ. ①李… ②罗… Ⅲ. ①贸易经济—高
等职业教育—教材 Ⅳ. ①F7

中国版本图书馆 CIP 数据核字(2018)第 101687 号

高职高专会计专业系列教材

财经商贸跨专业综合实训

主 编 李敬飞 罗平实
副主编 蒋 莉 李敬改
熊梦鸿 杨 洁
策划编辑:沈 静

责任编辑:李定群 邹 忌 版式设计:沈 静
责任校对:夏 宇 责任印制:张 策

*

重庆大学出版社出版发行
出版人:易树平
社址:重庆市沙坪坝区大学城西路 21 号
邮编:401331
电话:(023) 88617190 88617185(中小学)
传真:(023) 88617186 88617166
网址:http://www.cqup.com.cn
邮箱:fxk@ cqup.com.cn (营销中心)
全国新华书店经销
重庆三达广告印务装璜有限公司印刷

*

开本:787mm×1092mm 1/16 印张:7.25 字数:169 千
2018 年 5 月第 1 版 2018 年 5 月第 1 次印刷
印数:1—3 000
ISBN 978-7-5689-1122-1 定价:29.00 元

本书如有印刷、装订等质量问题,本社负责调换
版权所有,请勿擅自翻印和用本书
制作各类出版物及配套用书,违者必究

前　言

　　财经商贸类专业是应用性、实践性极强的专业,社会对该类专业学生实际工作能力的要求也越来越高,学生不但要精通专业知识,具备胜任某一个专业所对应岗位与岗位群的工作所需要的能力,还需要具备从事相近、相关专业所对应岗位与岗位群的工作所需要的能力。为适应这种需要,必须加强跨专业的综合实践教学环节,建立与实践教学相适应的、仿真社会真实经济环境、理论学习与实践一体化的财经商贸类跨专业综合实训平台,进一步提高实践教学质量,拓展和提升学生的综合素质和职业能力。

　　跨专业综合实训,就是遵循"将社会搬进校园"的理念,建立由制造企业、贸易公司、会计师事务所、银行、税务局、工商局等高仿真的"微型经济社会",模拟现实社会经济环境和职场工作环境,按照实际工作岗位要求,学生在仿真企业运营管理和模拟工作中,了解和熟悉职业工作岗位、企业、行业和社会。跨专业综合实训有利于全面培养学生实践能力和创新精神,提高学生基本技能和决策能力。

　　本书内容共5个项目:项目1 跨专业综合实训概述;项目2 创建企业;项目3 企业内部岗位实训;项目4 企业外部岗位实训;项目5 电子沙盘经营。李敬飞和罗平实担任主编,蒋莉、李敬改、熊梦鸿和杨洁担任副主编,共同完成本书的组织和编写。

　　在本书的编写过程中,参考了国内外许多专家学者的研究成果,特向有关作者表示感谢。本书得以出版,还要感谢院校领导的支持,感谢重庆大学出版社相关老师的帮助和支持!

　　由于编者水平有限,书中疏漏之处在所难免,敬请读者批评指正。

编　者
2018 年 1 月

前 言

目　录

项目 1　跨专业综合实训概述

任务 1　综合实训目标和内容

1.1.1　综合实训目标

　　跨专业综合实训提供模拟实训的引导系统和相关教学环境,让学生在自主选择的工作岗位上通过完成典型的岗位工作任务,学会基于岗位的基本业务处理,体验基于岗位的业务决策,理解岗位绩效与组织绩效之间的关系;真实感受企业物流、信息流、资金流的流动过程;全面认知企业经营管理活动过程和主要业务流程;体验企业内部部门之间的协作关系及其与企业外围相关经济组织与管理部门之间的业务关联。学生通过反复练习,形成自然的、符合现实经济活动要求的行为方式、智力活动方式和职业行为能力,达到全面体验岗位职位要求,胜任岗位工作的初级目标。通过在不同职业岗位"工作",训练学生从事财经商贸管理的综合执行能力、综合决策能力和创新创业能力,感悟复杂市场环境下的企业经营,学会工作、思考,培养全局意识和综合职业素养。具体包括以下 3 个目标:

　　1)分层次设计实训目标

　　跨专业综合实训的基本目标是培养懂业务、能应用、会管理的高潜质、有全局观的实务型基层管理人员。这个目标是逐级递进,按 4 个层次来设计的:第一层次,能按照业务岗位要求填写业务流程的单据、表格,熟悉岗位常用表单的作用及填制方法;第二层次,理解岗位业务背后的处理逻辑及对其他业务可能造成的影响;第三层次,结合实际业务理解业务流程和岗位的业务策略和管理理论;第四层次,能够针对新的管理目标综合应用管理知识,提出对业务的优化建议。

　　2)多岗位体验企业经营

　　跨专业综合实训通过提供的以制造业为主体的仿真商务环境、政务环境和公共服务环境,让学生在自主选择的工作岗位上,通过完成典型的岗位工作任务,学会基于岗位的基本业务处理,体验岗位的业务决策,理解岗位绩效与组织绩效之间的关系,真实感受企业物流、信息流、资金流的流动过程,从而全面认知企业经营管理活动过程和主要业务流程,体验企业内部部门之间的协作关系及其与企业外围相关经济活动与管理部门之间的业务关联。

3)全方位训练财经商贸管理能力

学生在仿真的商务环境、政务环境和公共服务环境中,通过对制造企业、商贸企业的模拟经营和管理训练,形成自然的、符合经济活动要求的行为方式、智力活动方式和职业行为能力,达到全方位体验岗位职责的要求,胜任岗位工作的初级目标。通过在不同职业岗位"工作",学生从事财经商贸管理的综合执行能力、综合决策能力和创新创业能力可以得到训练,并进一步感悟复杂市场环境下的企业经营管理,学会工作、思考,培养全局意识和综合职业素养。

1.1.2　综合实训内容

跨专业综合实训从人员招聘、团队组建、公司注册登记到模拟企业经营,让学生体验企业不同成长阶段的业务及工作规范,体验不同行业或领域、不同工作岗位的工作内容和流程,体验制造业与现代服务业的协同,拓宽学生的知识面,积累工作经历。在开展综合实训时,设计了以下实训内容:

1)仿真环境下的综合体验

在信息技术支撑的仿真现代服务业与现代制造业环境下,模拟20多家企业与服务机构,数十个岗位,在学习者开展企业运营决策的同时,与虚拟环境中的不同机构进行交互作用和影响,产生"沉浸"于真实环境的感受和体验。

2)动态数据下的企业运营训练

在动态数据支撑的企业竞争的立体性环境下,学生以小组为单位,开展竞争环境不断变化的、经营模式多样的企业经营决策级对抗。动态数据的教学环境下实现了服务环境参数可调、企业运营难度可变、企业间对抗的复杂程度可设。

3)任务驱动下的单项技能训练

在模拟企业竞争运营的背景下,在明确的、主动与被动的任务驱动下,在一定时间内,学生必须凭借已经掌握的专业技能,高质量地完成岗位作业,这些工作结果对企业经营结果、对团队成绩起到重要作用,并提高训练饱和度、增强学生学习主动性。

4)资源环境下的运营协同训练

在丰富的信息资源环境下,不同学习者,在不同经营阶段,对不同类信息资源价值的不同认知,直接影响着企业内部的经营模式与企业之间的合作模式,形成了服务业社会协同、企业间供应链协同、部门间流程协同。

5）职场环境下的职业素质训练

在现代社会对人才实际需求的背景下，从企业经营前的商业计划书撰写、就职前演讲、应聘面试，到企业经营过程中的投标述标、团队间交流、服务业窗口业务处理，全方位的锻炼学习者的求职能力、沟通能力、业务能力等职业基础素质，缩短学习者与企业实际需求的距离。

任务 2 综合实训组织架构设计

在劳动专业化分工的推动下，人类社会已经形成了三大类社会组织：政府组织、营利性组织和非营利组织。营利性组织包括两类重要的组织形式：制造业和服务业。制造业和服务业的区别主要体现在产品上。制造业提供的产品是有形的、可触摸的物质产品，产品一般存在时间长，不会瞬间消失，可以存储。而服务业提供的产品则是完全相反的，是无形的、不可触摸的，产品生产和消费一般是同时进行的。制造业是运行、管理最复杂的组织，目前，财经商贸类专业的教学课程均是以制造业为蓝本设计的，为此，在对财经商贸类跨专业综合实训组织架构进行设计时，考虑以制造企业为核心来进行设计。

企业股东（投资人）发起建立企业，然后在原材料市场上获取人力、物料、技术、设备，通过企业生产制造，生产出产品，投放到产品市场销售。因此，制造企业的主要业务表现为资金筹集业务、物资供应业务、产品生产业务和产品销售业务。资金筹集业务是指为满足企业生产经营所需的资产而从各种渠道筹集资金的经济业务，其中主要表现为银行贷款。因此，资金筹集业务主要涉及银行。物资供应业务是为满足生产经营的需要，通过市场取得必要的材料物资所进行的经济业务，包括取得、验收物资及与供应单位办理款项结算。物资采购主要涉及材料供应商、设备供应商、租赁公司等上游供应商及银行；企业的材料物资需求信息需要发布出去，因此，会涉及媒体公司、交易市场、物流公司、招标公司等。要签订商品购销合同，会涉及律师事务所等服务机构。产品生产过程是制造业最具有特色的阶段，在这一阶段，劳动者借助设备将原材料加工成设计要求的产品，在企业产品生产过程中，除产品生产以外，还会与其他单位、职工个人以及企业内部有关部门之间发生资金和业务往来。在这个过程中，会涉及税务局、社会保障局、公积金管理中心等政务服务机构及银行等；还会涉及水、电、气、通信等其他企业。产品销售过程是产品价值和使用价值的实现过程，因此，在这一过程中，销售产品、货款结算、支付各种销售费用、计算和缴纳销售税金等业务形成了产品销售业务，涉及客户、媒体公司、招投标公司、物流公司、交易市场、税务局、营销咨询公司、银行等。

综合来看，企业从设立到物资采购直至产品生产和销售整个过程，对外涉及的单位如表1-1所示。

表 1-1 制造企业经济业务及其涉及的外部单位或机构

序号	制造企业业务活动与核算	涉及的主要外部单位或机构
1	企业设立	会计师事务所、银行、工商局、税务局
2	资金筹集	会计师事务所、银行
3	物资供应	材料供应商、设备供应商、租赁公司、媒体公司、交易市场、物流公司、招投标公司、律师事务所、银行
4	企业生产经营	税务局、社会保障局、公积金管理中心、供应商、银行
5	产品销售	客户、银行、媒体公司、招投标公司、物流公司、交易市场、税务局、营销咨询公司、律师事务所
6	会计核算	会计师事务所

跨专业综合实训的目的是模拟一个真实的小社会,为学生营造一个真实的工作场景,在这个工作场景中学生可以"真实"地工作,接触并处理在工作中遇到的各种业务和问题。为了保证企业的日常运行,企业内部还需要设置若干职能管理部门,如产品设计部、市场开发部、财务部、行政部、人力资源部、后勤保障部等。为此,可以根据制造企业涉及的外部单位和机构来构建实训环境中的机构和岗位,如表 1-2 所示。

表 1-2 跨专业综合实训基地组成单位及其内部机构设置一览表

名　称	作　用	设置部门
制造企业	业务核心单位,连接供应商和客户公司,同时又与其他外部单位发生业务往来。学生在实训中既要对企业经营进行决策、计划、经营和控制,又要学会与外部单位进行谈判、沟通和协调	行政部、人力资源部、采购部、生产部、营销部(市场、销售)、财务部
供应商	作为制造企业的上游企业,向制造企业出售设备、材料等	行政部、人力资源部、财务部、营运部
客户公司	作为制造企业的下游企业,向制造企业购买生产的产品	行政部、人力资源部、财务部、营运部
招投标公司	开展招投标业务,使学生感受招投标的过程及要求	行政部、财务部、营运部
第三方物流公司	为客户提供运输、仓储、配送等物流服务,以及提供相关的物流信息等	行政部、财务部、营运部
咨询公司	提供企业经营、销售和管理的全套咨询服务,主要让学生感受现代服务业在企业经营中的作用	行政部、财务部、业务部
会计师事务所	审查企业会计报表,出具审计报告,代理记账、会计咨询、税务咨询、管理咨询等	行政部、财务部、业务部
IT 服务公司	为用户提供 IT 信息咨询、管理软件实施、服务,硬件维修等	行政部、财务部、业务部

续表

名　称	作　用	设置部门
工商局	企业工商登记注册,年检,市场监督,广告、商标管理	业务窗口
税务局	税务登记、税收征管、税务稽查、税务辅导、发票管理	业务窗口
海关	监管进出境的运输工具、货物、行李物品、邮递物品和其他物品;征收关税和其他税、费;编制海关统计;办理其他海关业务	业务窗口
劳动与社会保障局	办理五险一金的缴存业务	业务窗口
商业银行	办理银行开户、存取款业务、资金结算、资金借贷等业务	行政部、营业部、信贷部
人才交流市场	人才招聘信息发布、招聘的组织与协调	
媒体公司	跟踪报道实训新闻,编辑出版实训简报	编辑部

表1-2是针对院校在组织跨专业综合实训时涉及的单位和机构,在实际执行时,根据各校专业设置和培养目标的不同,可以进行合并、增减和调整。

限于篇幅,本书只介绍实训组织中最基本的经济组织,即制造公司、贸易公司、工商局、税务局、银行、会计师事务所。

任务3　综合实训流程

实训设计企业为新创立的企业,从团队组建,公司注册登记到公司经营的整个过程(见图1-1),其他服务单位或机构为企业提供服务并实施监督。企业的实训流程包括:

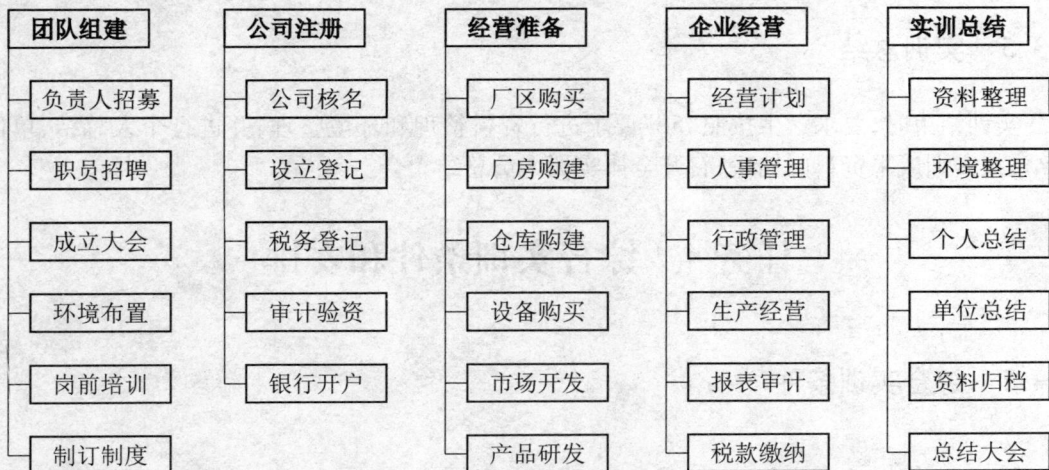

团队组建	公司注册	经营准备	企业经营	实训总结
负责人招募	公司核名	厂区购买	经营计划	资料整理
职员招聘	设立登记	厂房购建	人事管理	环境整理
成立大会	税务登记	仓库购建	行政管理	个人总结
环境布置	审计验资	设备购买	生产经营	单位总结
岗前培训	银行开户	市场开发	报表审计	资料归档
制订制度		产品研发	税款缴纳	总结大会

图1-1　跨专业综合实训流程图

1.3.1 实训团队组建

第一,指导老师根据实训场地和实训要求设计实训的组织架构,明确设置的公司和机构数量并告知实训学生。第二,指导老师根据学生填写的应聘书,通过面试的方式招聘单位负责人。第三,招聘单位员工。单位负责人根据所聘单位的工作实际,制作人员招聘计划,制作招聘海报,在规定的时间和地点,统一参与人员招聘,招聘本单位员工。第四,召开成立大会。人员招聘完成后,单位负责人召集员工召开成立大会,介绍公司的基本情况,团队成员及其分工,研究、制定本单位的管理制度和要求。第五,环境布置。为了营造工作氛围,各单位根据需要领取各种办公用品用具,布置工作环境。

1.3.2 公司注册

在实训中,各公司是从公司创立,办理工商登记开始的。包含了公司核名、银行开户、会计师事务所验资、工商注册登记、税务登记整个过程。在进行公司注册登记完成后,每个企业都可以领到自己的营业执照和税务登记证。

1.3.3 经营准备

在跨专业综合实训中,制造企业首先要选厂址、购买厂房、建生产线、租仓库、研究市场、进行市场开发和产品研究,在此基础上才能开展正常的经营活动。

1.3.4 企业经营

各单位按实际工作要求作为标准,每期编制资金预算、制订经营计划,经营过程中,按照计划进行材料采购、产品生产和销售,每期经营结束进行报表审计和税款缴纳。

1.3.5 实训总结

实训结束时,要求学生按照"5S"要求进行资料整理和环境整理,并进行个人总结、单位总结,在实训成果资料归档后,召开全体实训人员总结大会。

任务 4   综合实训条件和安排

1.4.1 综合实训条件

1)实训基地

为了顺利、有效地开展实践教学,需要建立实训基地。通过综合实训基地,实现"把社会搬进校园",让学生在实训基地开展仿真的职业活动,掌握企业运动原理与规律,熟悉企业运作流程,全方位、多纬度的体会现代企业生产经营管理工作的全过程,提高实际动手操作能力,全面提高学生的经济管理水平、信息技术水平和综合能力,有效地提升学生的综合素质、职业能力、社会能力及就业竞争能力。

实训基地应有专门的实训场所,根据实训人数的不同,实训基地面积也有差异。从环境营造、实现最佳的实训效果而言,面积一般不小于 3 m²/人,如果是 100 名学生同时实训,实训场地面积应不小于 300 m²。实训场所可以是集中在一间大开间的房间,也可由多个独立的小房间组成。独立房间的布局需要根据实训的内容、实训学生的人数进行专门的规划设计。多个独立的小教室组成对规划设计的要求就更高一些,为了提高实训高效性,这些独立的小房间应该在一个实训楼里。

综合实训教学场所规划的原则是以实训主题对应的模拟机构为核心,其他关联性机构围绕核心机构,充分考虑核心机构的场所的大小和与周边机构往来的便捷性。依据这个原则,实训场所规划示意图如图 1-2 所示。

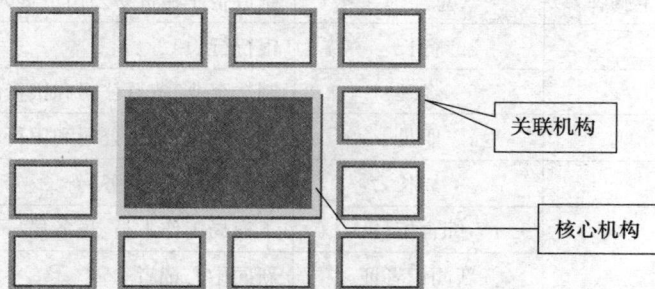

图 1-2　实训场所规划示意图

为了使综合实训环境更加逼真,除了满足上述原则外,还可以在具体场景的规划上进行设计和仿真模拟。

2) 实训设备

综合实训平台:本实训借助仿真模拟演练实践教学平台。实训需要的基础设备就是计算机及网络环境。另外,为了进行信息的公布和交流互动,投影、打印设备、电话传真设备及扩音设备的投入使用能给整个实训带来更高的结果。

网络需求:综合实训平台可以架构在互联网、局域网及独立 PC 三个环境下。互联网环境需要固定的对外服务器。

计算机要求:首先综合实训平台的运行需要一台对外提供服务的服务器,根据部署设计不同,这个服务器可以是一台物理主机或者多台物理主机。客户端根据实训时学生的人数进行配置普通微机,数量上可以是每人一台,也可为了节省,每个模拟机构一台。具体的配置方案在项目实施时进行综合考虑和设计。

摄影及扩音设备:用于点评及信息的展示。

打印设备:用于实训过程中业务单据的输出。

3）实训教具

综合实训平台在教学活动中涉及的教具包括学生的胸牌、执照及证书、业务流程挂板、仿真业务工具等。

（1）胸牌

胸牌用于区分学生在实训过程中所扮演的角色，也可作为实训中的身份认证。为了增加学生实训的真实感，有条件的学校可为学生制作工作服。此类教具可多次使用，实训结束后回收。胸牌配备表如表1-3所示。

表1-3　多专业综合实训胸牌配备一览表

序号	胸牌类型	胸牌名称	备注
1	指导教师胸牌	管委会主任	
2		顾问	
3	实训学生胸牌	总经理	制造企业和贸易公司负责人
4		行长	银行行长
5		经理	制造企业、贸易公司和银行的部门经理
6		职员	制造企业、贸易公司和银行的一般职员
7		局长	工商局局长、税务局
8		综合柜员	工商局工作人员、税务局
9		新闻记者证	新闻中心记者
10		工作人员	管委会干事

（2）执照及证书

执照及证书作为实训过程中的业务仿真及机构认证，此类教具可以从综合实训平台中打印输出，也可以由学校制作成仿真教具。多专业综合实训业务证照如表1-4所示。

表1-4　多专业综合实训业务证照一览表

序号	证照类型	证照名称
1	工商类	组织机构代码证 企业法人营业执照正本 企业法人营业执照副本
2	税务类	税务登记证正本 税务登记证副本
3	银行类	开户许可证 贷款卡

（3）业务印章

业务印章包括单位印章、业务印章及会计用印章等。

（4）实训挂板

实训挂板包括企业文化宣传语、实训组织结构图、业务流程图、流程规则展板及示意性指示牌等。

4）教辅资料

实训配套的教辅资料包括实训指导书和实训手册，主要用于指导学生进行训练和学习，方便教师进行课程设计和教学。实训指导书用于学生在实训工程中的规则、业务流程、实训项目以及系统指导。实训手册用于学生在实训时记录实训过程、形成实训成果，同时用于教师针对实训成果进行评价与点评。另外，综合实训平台在系统内容含有详细的电子操作手册，为学生和教师在使用平台时提供操作帮助。

1.4.2 综合实训安排

1）实训单位及岗位安排

实训单位和岗位安排如表 1-5 所示。

表 1-5 实训组织和岗位设置一览表

单位类别	单位名称	部门及岗位设置
工业园区	制造企业	行政部：总经理、行政经理 人力资源部：主管 采购部：采购总监、采购专员 生产部：生产总监、生产计划员、车间主任、仓储主管 营售部：销售总监、市场专员、销售专员 财务部：财务总监、总账总计、成本会计、出纳
金融及政务服务	银行	行长、副行长、营业部主任、大堂经理、综合柜员、信贷部经理、信贷专员
	工商	局长、注册登记员
	税务	局长、办税员、稽查员
企业服务中心	会计师事务所	所长、注册会计师
	贸易公司	行政部：总经理、行政经理
		财务部：财务总监、出纳、总账会计
		运营部：营运总监、业务经理
	第三方物流公司	行政部：总经理、行政经理 财务部：财务总监、出纳、总账会计
		运营部：经理、业务员
	招投标公司	行政部：总经理、行政经理
		运营部：经理、业务员

2）实训学时安排

实训学时安排如表 1-6 所示。

表 1-6　多专业综合实训学时安排表

序号	实训内容	计划学时
1	团队组建	6
2	岗前业务培训	2
3	企业注册登记	8
4	经营经理	48
5	工作总结与整理	8
	学时合计	72

3）实训进度安排

实训时间进度安排如表 1-7 所示。

表 1-7　实训时间进度安排表

实训时间		工作任务
第一天	上午	(1)实训动员大会 (2)单位负责人招聘 (3)单位负责人业务培训
	下午	(1)招聘现场布置 (2)单位职员招聘 (3)公司入驻、系统用户注册 (4)岗前业务培训 (5)公司成立大会
	晚上	熟悉系统操作平台
第二天		企业工商注册登记
第三天		第一季度经营
第四天		第二季度经营
第五天		第三季度经营
第六天		第四季度经营
第七天		第五季度经营
第八天		第六季度经营
第九天	上午	工商年检;所得税汇算清缴;资料整理 归档、提交实训资料、个人及单位总结
	下午	总结大会

项目 2　创建企业

很多大学生心中都有一个创业梦,但是创办一个企业并不简单,理想和现实往往有很大差距。创业不仅需要激情,更需要理性的思考和务实的行动。因此,在创业之前,必须清楚地了解创办企业所必需的基本条件,判断自己是否具有创业的素质和能力。为了帮助大家了解一个企业创办过程,我们将通过实训课程带领同学们进入一个模拟的创业环境。

任务 1　创业规划

我们创办的企业将销售什么产品或服务?销售产品或服务的对象是谁?销售产品或服务的途径是什么?如何实现盈利?这些问题在我们创办企业之前必须进行深度的思索探讨和调研。作为创业者,如果我们对项目可行性还没有必然的把握,就有必要提前做好市场调研,摆脱完全凭直觉去选项目的盲目和冲动。

2.1.1　前期市场调查

1) 经营环境调查

(1) 政策、法律环境调查

创办一个企业,必须先了解国家的政策、相关法律法规对你所经营的业务、开展的服务项目是鼓励还是限制,采取何种管理措施和手段。当地政府和管理机构是如何具体执行有关国家法律法规和政策的,对你的业务有何有利和不利的影响。只有了解和熟悉了上述内容,我们才能及时调整创业计划,尽可能顺应国家政策获得政府支持。

(2) 行业环境调查

在选择涉足的行业领域前,应该对你所计划经营的业务或是将要开展的服务项目进行一个行业环境调查。比如,从事外贸商品经营,应了解该国际贸易目前的行业发展状况,国际国内流行的热销商品,以及该行业的行业规范和管理制度。除此之外,还应了解本行业的从业饱和度,是否还有进入该行业的空间。

（3）宏观经济状况调查

宏观经济影响着企业的成长和发展。宏观经济状况是否景气，直接影响消费者的购买力。当宏观经济形势不好的时候，消费者购买力下降，企业所销售的产品或服务就会大大减少，导致效益减少。相反，经济形势向好的方向发展时，消费者购买力增加，企业的产出加大，利润增多。国家对宏观经济的调控也对企业有着重要影响。比如，当国家实行紧缩货币政策，会导致利率上升，使企业融资成本上升，利润下降，对企业不利；当国家实行紧缩财政政策，增加企业税收，会直接导致企业利润下降。因此，对宏观经济状况进行调查，可以帮助大家认识当前的经济环境是否利于企业的创办与发展。

2）产品市场需求调查

市场需求调查可以帮助我们判断和预计创业计划的可行性。如果你要生产或经销某一种或某一系列产品，应对这一产品的市场需求量进行调查。也就是说，通过市场调查，对产品进行市场定位。比如你经销某种日常生活用品，应调查一下市场对这种日常生活用品的需求量，有无相同或相类似的产品，市场占有率是多少。又比如你提供一项专业的服务项目，应调查一下民众对这种项目的了解和需求程度，需求量有多大，有无其他人或公司提供相同的服务项目，市场占有率是多少。

市场需求调查的一项重要内容是市场需求趋势调查。了解市场对某种产品或服务项目的长期需求态势；了解该产品和服务项目是逐渐被人们认同和接受，需求前景广阔，还是逐渐被人们淘汰，需求萎缩；了解该种产品和服务项目从技术和经营两方面的发展趋势如何等。

3）顾客情况调查

顾客情况调查可以了解购买某种产品或服务的顾客群体的消费偏好及需求，当前市场上的产品或服务能够满足他们哪些方面的需要等，帮助我们准确掌握产品或服务的受众群体。

4）竞争对手调查

在开放的市场经济条件下，了解竞争对手的优缺点及营销策略，做到心中有数，才能在激烈的市场竞争中占据有利位置，有的放矢地采取一些竞争策略，为自己争取更多的受众。

5）市场销售策略调查

了解目前市场上某种产品或服务项目的主要营销方式，如销售渠道、销售环节、广告宣传方式和重点、价格策略等。调查一下这些经营策略是否有效，有哪些缺点和不足，从而为你决策采取什么经营策略、经营手段提供依据。

【知识拓展】

吉利公司市场调查的成功案例

男人长胡子,因而要刮胡子;女人不长胡子,自然也就不必刮胡子。然而,美国的吉利公司却把"刮胡刀"推销给女人,居然大获成功。吉利公司创建于1901年,其产品因使男人刮胡子变得方便、舒适、安全而大受人们欢迎。进入20世纪70年代,吉利公司的销售额已达20亿美元,成为世界著名的跨国公司。然而吉利公司的领导者并不以此满足,而是想方设法继续拓展市场,争取更多用户。1974年,公司提出了面向妇女的专用"刮毛刀"。这一决策看似荒谬,却是建立在坚实可靠的基础之上的。吉利公司先用一年的时间进行了周密的市场调查,发现在美国30岁以上的妇女中,有65%的人为保持美好形象,要定期刮除腿毛和腋毛。这些妇女之中,除使用电动刮胡刀和脱毛剂之外,主要靠购买各种男用刮胡刀来满足此项需要,一年在这方面的花费高达7 500万美元。相比之下,美国妇女一年花在眉笔和眼影上的钱仅有6 300万美元,染发剂5 500万美元。毫无疑问,这是一个极有潜力的市场。根据结果,吉利公司精心设计了新产品,它的刀头部分和男用刮胡刀并无两样,采用一次性使用的双层刀片,但是刀架则选用了色彩鲜艳的塑料,并将握柄改为弧形以利于妇女使用,握柄上还印压了一朵雏菊图案。这样一来,新产品立即显示了女性的特点。为了使雏菊刮毛刀迅速占领市场,吉利公司还拟订几种不同的"定位观念"到消费者之中征求意见。这些定位观念包括:突出刮毛刀的"双刀刮毛";突出其创造性的"完全适合女性需求";强调价格的"不到50美分";表明产品使用安全的"不伤玉腿"等。最后,公司根据多数妇女的意见,选择了"不伤玉腿"作为推销时突出的重点,刊登广告进行刻意宣传。结果,雏菊刮毛刀一炮打响,迅速畅销全球。

这个案例说明,市场调查研究是经营决策的前提,只有充分认识市场,了解市场需求,对市场作出科学的分析判断,决策才具有针对性,从而拓展市场,使企业兴旺发达。

2.1.2 SWOT分析

在我们进行了实地的市场调查,收集了足够的市场信息后,就要用科学的方法对我们了解到的情况进行分析。SWOT分析法是由美国旧金山大学管理学教授韦里克提出的,可以用来分析企业自身的竞争优势、竞争劣势、机会和威胁,并且将公司的战略与公司内部资源、外部环境有机地结合起来的一种科学的分析方法。

S (Strengths)代表优势,是组织机构的内部因素,具体包括:有利的竞争态势、充足的财政来源、良好的企业形象、技术力量、规模经济、产品质量、市场份额、成本优势、广告攻势等。

W (Weaknesses)代表劣势,也是组织机构的内部因素,具体包括:设备老化、管理混乱、缺少关键技术、研究开发落后、资金短缺、经营不善、产品积压、竞争力差等。

O (Opportunities)代表机会,是组织机构的外部因素,具体包括:新产品、新市场、新需求、外国市场壁垒解除、竞争对手失误等。

T（Threats）代表威胁，也是组织机构的外部因素，具体包括：新的竞争对手、替代产品增多、市场紧缩、行业政策变化、经济衰退、客户偏好改变、突发事件等。

SWOT 方法的优点在于考虑问题全面，是一种系统思维，而且可以把对问题的"诊断"和"开处方"紧密结合在一起，条理清楚，便于检验。

【知识拓展】

星巴克（Starbucks）SWOT 分析

Strengths（优势）

星巴克公司是一个盈利能力很强的组织，它在 2004 年盈利超过 6 亿美元，同年该公司所产生的收入超过 50 亿美元。通过提供声誉良好的产品和服务，它已经成长为一个全球性的咖啡品牌。它在全世界的 40 个主要国家已经有了大约 9 000 个咖啡店。2005 年星巴克被评为《财富》最佳雇主 100 强公司之一。星巴克重视员工，被认为是一个值得尊敬的雇主。该组织具有很强的道德价值观念和道德使命，星巴克致力于做行业的佼佼者。

Weaknesses（劣势）

星巴克在新产品开发和创造享有盛誉。然而，随着时间的推移，它们的创新仍有可能动摇。它对于美国市场的依存度过高，超过 3/4 的咖啡店都开在自己的老家。有人认为它们需要寻求一个投资组合的国家，用来分散经营风险。该组织依赖于一个主要的竞争优势，即零售咖啡。这可能使它们在进入其他相关领域的时候行动缓慢。

Opportunities（机会）

星巴克非常善于利用机遇。在 2004 年公司和惠普共同创建了 CD 刻录服务，在圣莫尼卡（美国加州）咖啡馆，顾客可以制作他们自己的音乐 CD。在它的咖啡店里提供新的产品和服务，如平价产品。该公司有机会扩大其全球业务。新的咖啡市场，如印度和太平洋地区的国家都开始出现。为共同品牌与其他厂商的食物和饮料，和品牌特许经营权的制造商的其他商品和服务都具有的潜力。

Threats（威胁）

谁知道在未来，咖啡市场会增长且保有客户，还是会出现新品种饮料或休闲活动从而取代咖啡？星巴克面对着咖啡原料和乳制品成本上升的局面。由于其概念被市场认可，因此在 1971 年的西雅图，星巴克的成功吸引许多竞争对手纷纷进入市场或复制品牌，从而构成潜在威胁。

2.1.3　创业计划书

创业计划书是一份全方位的商业计划，其主要用途是递交给投资商，以便于他们能对企业或项目做出评判,从而使企业获得融资。它是用以描述与拟创办企业相关的内外部环境条件和要素特点,为业务的发展提供指示图和衡量业务进展情况的标准。通常创业计划是结合了市场营销、财务、生产、人力资源等职能计划的综合。创业计划书的质量,往往会直接影响创业发起人能否找到合作伙伴、获得资金及其他政策的支持。如何写创业计划书呢?要依目标,即看计划书的对象而有所不同,譬如是要写给投资者看呢? 还是要拿去银行贷款,从不同的目的来写,计划书的重点也会有所不同。

【知识拓展】

《××创业计划书》内容摘要

1.公司基本情况(公司名称、成立时间、注册地区、注册资本,主要股东、股份比例,主营业务,过去3年的销售收入、毛利润、纯利润,公司地点、电话、传真、联系人等)。

2.主要管理者情况(姓名、性别、年龄、籍贯,学历/学位、毕业院校,政治面貌,行业从业年限,主要经历和经营业绩等)。

3.产品/服务描述(产品/服务介绍,产品技术水平,产品的新颖性、先进性和独特性,产品的竞争优势等)。

4.研究与开发(已有的技术成果及技术水平,研发队伍技术水平、竞争力及对外合作情况,已经投入的研发经费及今后投入计划,对研发人员的激励机制等)。

5.行业及市场(行业历史与前景、市场规模及增长趋势、行业竞争对手及本公司竞争优势、未来3年市场销售预测等)。

6.营销策略(在价格、促销、建立销售网络等各方面拟采取的策略及其可操作性和有效性,对销售人员的激励机制等)。

7.产品制造(生产方式、生产设备、质量保证、成本控制等)。

8.管理(机构设置、员工持股、劳动合同、知识产权管理、人事计划等)。

9.融资说明(资金需求量、用途、使用计划,拟出让股份,投资者权利,退出方式等)。

10.财务预测(未来3年或5年的销售收入、利润、资产回报率等)。

11.风险控制(项目实施可能出现的风险及拟采取的控制措施等)。

任务2 企业筹备

2.2.1 团队组建

创业分个人创业和共同创业。创业团队,就是由少数具有技能互补的创业者组成的团队,创业者为了实现共同的创业目标和一个能使他们彼此担负责任的程序,共同为达成高品质的结果而努力。共同创业有利于分散创业风险和整合资源。在共同创业的过程中,创业团队是关键,直接影响创业是否成功。

1)创业团队构成

创业团队的成员一定是志同道合者,最好相互了解、信赖,而且明确创业项目的方向,有创业兴趣、激情和行动力。除此之外,还应重点关注成员的能力、人格特点和角色配置。

(1)成员的能力

创业团队想要获得成功,取决于成员的知识、技能和能力。想要有效运作团队,必须拥有 3 种不同类型的技能人才:第一,具有技术专长的成员;第二,具有问题解决和决策技能的人,因为他们能发现问题、提出问题并解决问题;第三,具有沟通能力及协调人际关系技能的成员。在团队建立之初,并不需要以上 3 个方面的成员具备十分全面的技能,可以在缺乏某种技能的时候,让某个或多个团队成员去学习相对缺乏的某种技能,从而充分发挥工作潜能。

(2)人格特点

人格特点对团队成员的个体行为有着显著的影响。比如,有责任感的人擅长支持同伴,他们不仅完成自己的任务,还会帮助责任心不强的成员的任务;外向型的人善于培训和鼓励其他团队成员;情绪稳定的成员善于自我调整和帮助他人调整状态等。人格构成对团队的成功非常重要。

(3)角色配置

团队有不同的需求,在团队挑选成员时,应确保这个团队包含各种不同的角色,并根据他们的内在优势进行工作分配。

①团队角色 1:实干者。实干者性格相对内向,处事风格保守,但工作中积极努力,有较强责任感,计划性强,效率很高,可靠性强,对团队非常忠诚,会根据团队的需要完成工作,是完成团队目标不可缺少的力量。

②团队角色 2:协调者。协调者通常处事客观、冷静,有很好的自控力,同时有感召力,能快速地发现团队中每个人的优势,善于协调团队中各种错综复杂的关系,喜欢心平气和地解决问题,是团队中的调节剂。

③团队角色 3:推进者。推进者通常有着明确的目标,高度的工作热情和成就感,办事效率很高,遇到问题总会想办法解决。推进者常常是行动的发起者,同时也是一名高效的管理者,即使在压力下工作还是精力旺盛,是团队快速行动的最有效成员。

④团队角色 4:创新者。创新者的特点在于拥有高度的创造力,思路开阔,观念新,富有想象力,经常想出新点子,在团队工作开始启动或陷入困境时能够另辟蹊径,从而打开局面,推动团队工作的开展。

⑤团队角色 5:信息者。信息者性格外向,充满好奇心,思维敏捷,能敏感地捕捉到外界的信息,同时也是天生的交流家。信息者适合做外联和持续性的谈判工作,善于搜集信息分

析情况,从而对事物有理性而准确的判断。

⑥团队角色6:监督者。监督者通常比较严肃、严谨、理智,遇事冷静,每做一件事情都要谨慎思考和判断,能够做出最精确判断。监督者善于分析和评价,善于权衡利弊,选择方案,往往使团队在关键性决策上做出正确判断,最终获得成功。

⑦团队角色7:凝聚者。凝聚者通常性情温和、敏感,在意自己带给他人的感受,同时与他人合作的意识非常强。凝聚者善于调和各种人际关系,善于化解团队中的矛盾和冲突,促进团队成员之间的合作,鼓舞团队士气。

⑧团队角色8:完美者。完美者具有一种持之以恒的毅力,做事非常注重细节,遵守秩序,尽职尽责,力求完美,追求卓越。完美者会按照预期一步步准确地完成团队各阶段的工作,抓住团队的工作节奏,坚持不懈,为团队目标奋斗到底。

⑨团队角色9:技术专家。技术专家通常对工作诚心诚意、主动性很强、甘心奉献、为自己的专业感到自豪。技术专家在团队中会给予专业的技术支持,从而使团队顺利克服技术上的难题。

2)设计组织机构

组织机构是指企业组织是由哪些部分组成,各部分之间存在什么样的联系,以及各部分在整个组织中的比例关系。在创业初期,可以根据团队结构特点、成员优势特点、创业目标和具体工作要求,明确每个成员的责、权、利,做到有分有合,各司其职,有条不紊。

常见的组织结构类型有3种:简单结构、官僚结构和矩阵结构。

(1)简单结构

中小企业中简单机构的应用最为广泛。这种组织结构中的企业经营者和所有者为同一人。这种组织结构适用于创业初期的团队,它的优势在于它的简单性,不仅灵活可变,运转成本也相对低廉,并且职责明确。

(2)官僚结构

官僚结构的关键概念是标准化。规章制度正规,操作任务规范,权威集中。官僚结构的优势在于它能以高效方式进行标准化的运营操作,这种组织模式适合已经具有一定规模的企业。

(3)矩阵结构

矩阵结构是将职能部门化和产品部门化相结合的一种组织模式。它的优势在于将同类专业人员组织在一起,最大程度降低所需人员数目,实现资源的集中和共享。这种组织结构比较适合拥有较多职能部门的大型企业。

【知识拓展】

鼓励合作的星巴克咖啡

星巴克咖啡自1987年西雅图的一家街头小咖啡馆开始,发展到今天遍布全世界34个国家和地区的 8 300 家咖啡店。除了它在打造其品牌上的独到策略之外,团队建设便是它维持其品牌质量至关重要的手段,也是该公司不可替代的竞争力所在。

首先,领导者将自己视为普通一员。虽然他们从事计划、安排、管理的工作,但他们并不认为自己与众不同,应该享受特殊的权利,不做普通员工做的工作。比如,该公司的国际部主任,就是去国外的星巴克巡视的时候,也会与店员一起上班、做咖啡、清洗杯碗、打扫店铺甚至洗手间,完全没有架子。

其次,每个员工在工作上都有较明确的分工,比如有的专门负责接受顾客的点菜、收款,有的主管咖啡的制作,有的专门管理内部库存,等等,但每个人对店里所有工种所要求的技能都受过培训,因此在分工负责的同时,又有很强的不分家的概念。也就是说,当一个咖啡制作员忙不过来的时候,其他人如果自己分管的工作不算太忙,会去主动帮忙缓解紧张,完全没有"莫管他人瓦上霜"的态度。这种既分工又不分家的团队文化当然并不是一蹴而就的,而是有针对性地强化训练的结果。

最后,鼓励合作,奖励合作,培训合作行为。所有在星巴克工作的员工,无论你来自哪个国家,在商店开张之前,都要集体到西雅图(星巴克总部)接受 3 个月的培训。学习研磨制作咖啡的技巧当然用不着 3 个月,培训大部分的时间主要用于磨合员工,让员工接受并实践平等快乐的团队工作文化。

2.2.2　企业工商注册登记

1)选择企业的法律形态

企业是一个组织,是一种法律形态,在创办企业之前我们必须决定应该办什么形式的企业,因为不同形式的企业,法律责任是不同的。在我国,民营企业的法律形态主要有股份有限公司、有限责任公司、个体工商户、个人独资企业、合伙企业、私营企业等。

对于想要创业的大学生来说,应综合考虑创业成员的数是和注册资本,以及成立条件、经营特征等现行条件,选择适合的法律形态。

2)企业名册预选

根据《企业名称登记管理实施办法》规定,企业名称实行分级登记管理。不同级别的工商行政管理部门负责主管和核准不同的企业名称。企业名称应符合一定的规范要求,包括组成要素、不得与其他企业混淆、不得使用行政区划做字号等。关于名称预先核准,对设立公司和设立其他企业做了不同规定。设立公司必须进行预先核准,设立其他企业可以选择申请预先核准。一些特殊行业,企业名称预先核准后,还需要经过有关部门审批方可登记注册。企业名称预先核准申请书如表 2-1 所示。

表 2-1　企业名称预先核准申请书（模板）

□企业设立名称预先核准		

申请企业名称		
备选 企业字号	1.	
	2.	
	3.	

企业住所地	_____省（市/自治区）_____市（地区/盟/自治州）_____ 县（自治县/旗/自治旗/市/区）	
注册资本（金）	_____万元	企业类型
经营范围		

投资人	名称或姓名	证照号码

□已核准名称项目调整（投资人除外）

已核准名称		通知书文号	
拟调整项目	原申请内容	拟调整内容	

□已核准名称延期

已核准名称		通知书文号	
原有效期		有效期延至	____年___月___日

指定代表或者共同委托代理人

具体经办人 姓名		身份证件 号码		联系电话	
授权期限	自　年　月　日至　年　月　日				

授权权限：1. 同意□不同意□核对登记材料中的复印件并签署核对意见
　　　　　2. 同意□不同意□修改有关表格的填写错误
　　　　　3. 同意□不同意□领取《企业名称预先核准通知书》

（指定代表或委托代理人、具体经办人身份证件复印件粘贴处）

申请人 签字或盖章	
	年　　月　　日

企业名称预先核准申请书填写说明（以下"说明"供填写申请书参照使用，不需向登记机关提供）：

①本申请书适用于所有内资企业的名称预先核准申请、名称项目调整（投资人除外）、名称延期申请等。

②向登记机关提交的申请书只填写与本次申请有关的栏目。

③申请人应根据《企业名称登记管理规定》和《企业名称登记管理实施办法》有关规定申请企业名称预先核准，所提供信息应真实、合法、有效。

④"企业类型"栏应根据以下具体类型选择填写：有限责任公司、股份有限公司、分公司、非公司企业法人、营业单位、企业非法人分支机构、个人独资企业、合伙企业。

⑤"经营范围"栏只需填写与企业名称行业表述相一致的主要业务项目，应参照《国民经济行业分类》国家标准及有关规定填写。

⑥申请企业设立名称预先核准，对已核准企业名称项目进行调整或延长有效期限的，申请人为全体投资人。其中，自然人投资的由本人签字，非自然人投资的加盖公章。

⑦在原核准名称不变的情况下，可以对已核准名称项目进行调整，如住所、注册资本（金）等，变更投资人项目的除外。

⑧《企业名称预先核准通知书》的延期应当在有效期期满前 1 个月内申请办理，申请延期时应交回《企业名称预先核准通知书》原件。投资人有正当理由，可以申请《企业名称预先核准通知书》有效期延期 6 个月，经延期的《企业名称预先核准通知书》不得再次申请延期。

⑨指定代表或委托代理人、具体经办人应在粘贴的身份证件复印件上用黑色钢笔或签字笔签字确认"与原件一致"。

⑩"投资人"项及"已核准名称项目调整（投资人除外）"项可加行续写或附页续写。申请人提交的申请书应当使用 A4 型纸。依本表打印生成的，使用黑色钢笔或签字笔签署；手工填写的，使用黑色钢笔或签字笔工整填写、签署。

3）企业工商登记

凡是进入市场从事生产经营活动的组织和个人都必须事先向登记管理机关提出申请，经登记管理机关依法审查、核准登记注册并发给相应的营业执照后，才能持照从事生产经营活动。企业工商登记注册业务一般流程如图 2-1 所示。

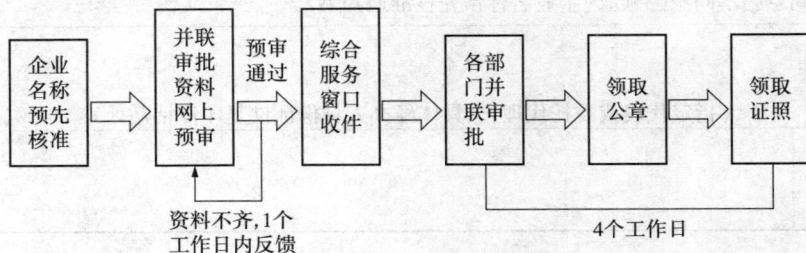

图 2-1　企业工商登记注册业务一般流程

【知识拓展】

企业注册所需资料

1. 营业执照	2. 营业执照副本	3. 公章、财务专用章、法人章、发票章
4. 银行开户许可证	5. 网银	6. 税务三方协议
7. 报税 U 棒	8. 金税盘	9. 增值税专用发票

任务 3 企业成立

企业的生存和发展与宣传密切相关,有效的宣传是企业促进生产销售并提高竞争力的有效途径。

2.3.1 树立品牌

现代社会,品牌已成为企业重要的无形资产,它的价值在于赋予产品或服务本身独特的定位。品牌的定位可以使我们的企业、产品、服务与其他企业区别开来,并在消费者眼中留下独特的印象。好品牌的重要性还在于它可以培养消费者的品牌忠诚度,并使这种忠诚持续保持,从而成就企业永恒的核心竞争力。因此,品牌已经成为一个企业质量、文化以及企业综合价值的集中体现。

2.3.2　树立企业文化

　　一个成功的企业不仅要有良好的生产经营业绩,还要有表现其核心竞争力的企业文化,这对企业的生存、发展的影响是持久的、长远的。大多数国内外成功的企业都有好的企业文化。一个好的核心价值观如同企业的灵魂,为企业的经营管理提供精神食粮与物质指南。企业通过文化理念和价值观的宣传,来培养自己员工和目标客户及消费者的认同感和归属感,建立起消费者的信赖和依赖关系,最终形成企业的凝聚力和竞争力,使企业最终赢得广阔的市场。

项目 3　企业内部岗位实训

任务 1　CEO 岗位

3.1.1　工作职责

总经理(CEO)是企业行政管理部的负责人,在董事会领导下,负责总经理办公室职责范围内所有工作。其具体职责如下:

①组织实施经董事会批准的公司企业年度工作计划、财务预算报告及利润分配、使用方案,组织实施经董事会批准的决议。

②组织指挥企业的日常经营管理工作,在董事会委托权限内,以法人代表的身份代表企业签署有关协议、合同、合约和处理有关事宜。

③决定组织体制和人事编制,决定行政助理,各职能部门和各部门经理以及其他管理职员的任免、奖惩,建立健全企业统一、高效的组织体系和工作体系。

3.1.2　工作任务

1)企业组建

实训中,CEO 的任务主要是企业背景把握、人力资源部经理招聘,以及其他团队成员任免等。

(1)企业背景

企业现状认知;企业经营思考;CEO 角色认知与自我定位。

(2)人力资源部经理招聘

熟悉人力资源部经理岗位职责;撰写招聘启事;收集简历和组织面试等。

(3)其他团队成员任免

了解组建期招聘工作流程且明确工作分工;宣讲;现场演讲与互动答疑;应聘动员;简历收集与筛选;候选人筛选、面试时间及组别确定;面试;发布录用通知并公布任免决定。

2）团队建设

新公司刚刚组建,CEO 是团队建设的领航人,在团队建议中,应从细微处着手,如公司成立致辞、团队成员相识和相知、团队协同工作等。

3）借款审批

借款审批包括审核企业管理部借款和其他部门借款。

4）广告投放审批

CEO 接到销售部送交的广告投放申请表后,要结合公司财务状况、市场现状及竞争对手等方面的因素综合考量广告投放金额、目标客户、投放策略等内容,预估广告投放效果并分析确定采取什么样的策略才能获得最大效益。

5）薪酬核算审核

了解职工薪酬构成;计算和发放薪酬;薪酬计算的审核。

6）合同审核

合同主要有广告合同、购销合同、材料采购合同、贷款合同、租赁合同等,该项业务发生后,CEO 在接到相关单据时需仔细阅读合同主要条款,认知、规避相关风险。

7）报销审批

经济业务发生后,业务经办人取得相关发票,填写支出凭单,CEO 需对业务的真实性、准确性进行审核。报销审批主要包括办公费报销审批、广告投放费用审批、业务拓展的审核和指导等。

3.1.3 工作日志

岗位工作日志用于记录工作内容、落实工作过程中遇到的问题、解决及优化建议。

【知识拓展】

CEO 成功的关键：联络和协作

如果你是一位正想帮助公司获得成功的 CEO，那么请关注协作。

这是 IBM 全球 CEO 调查的一个重要发现，该调查每两年举行一次，调查涉及与全世界 1 700 多位 CEO 和"高级公共部门领导人"的对话。

IBM 研究的主题是联络，强调协作在 CEO 与员工、客户和新业务伙伴接触中的重要性。这项研究表明，超过半数的 CEO 认为人力资本、客户关系和创新是经济价值得以持续的主要源泉。

有数据可以证明这一说法。根据 IBM 的调查，那些利用协同作用而不是改变兼利用协同作用的机构的收益通常接近底线。例如，根据业绩更好机构的 CEO 们的说法，84% 的 CEO 称他们的机构在把洞察力转化为行动上要比同行业的其他机构做得好。而 73% 的 CEO 称他们的机构擅长管理变化。

受调查的 CEO 们从 3 个方面负责领导：客户至上、激励员工和领导团队。关注客户这一点我们并不感到吃惊，但对激励和合作的关注却值得我们注意。在过去几年里，研究已经表明员工们在寻找激励。毫无疑问，这是不确定性支配我们的时代导致的结果。IBM 研究表明 CEO 们在聆听。

领导合作这一概念恰好就是最高级管理层发生的事情。CEO 们希望与他们的高管同事协作，他们越来越需要高层人员跨部门工作。全球营销负责人转身对全球首席工程师说"这不是我的问题"的日子已经一去不复返了。正如这项研究所证实的那样，机构需要来自多学科的人才一起工作，这就是协作规则。

在这项调查中，我还发现最后一条很有趣。CEO 们非常清楚自己的短处。他们知道在工作中必须继续学习，正如 IBM 的研究所指出的这些 CEO 在创新中学习。这再次证明，优秀的领导者也总是优秀的学习者，但是这项调查表明他们正在用言语表达。根据此项研究结果，CEO 们期望不可预知的事情。对于他们来说，没有"新的标准"。

2008 年的经济大萧条使很多人对管理别人意味着什么的幻想破灭了。换句话来说，承认自己的不足也很好，但前提是你要为此作好准备。因此，这需要领导合作的最高水平。

IBM 的研究倡导实现联系最大化，通过价值赋予员工权利、通过合作扩大创新及以个人名义与客户接洽。CEO 们面临的挑战就是使联系最大化发生，而根据这项调查结果业绩更好的公司的高管们刚好就做了这些事情。

相比之下，维持现状，即使现在的状况良好也永远都不够。CEO 们必须确保每一个管理层都协作、创新并适当参与。这需要首席高管们去为他的团队树立正确的榜样，并告诉他们要对自己行为负责，要确保机构能够继续增长和发展。

这说起来很简单，但是却需要做大量的工作。IBM 全球 CEO 调查阐明了驱动成功的重要因素，但是未能让处在每一层的领导们将概念付诸实践，变成对所有利益相关者都能产生好处的结果。

任务 2　行政管理部岗位

3.2.1　工作职能

企业行政管理部是公司的综合管理部门,在实训中,该部门主要职责如下:具有企业综合管理职能和做好 CEO 管理参谋的职能。

①负责公司战略规划的制定和协助推行。

②负责公司年度综合性资料的汇总,负责公司年度、季度计划的编制。

③负责公司年度总结的撰写。

④负责公司制度建设和各项管理制度的制定、颁发与推行。

⑤负责企业固定资产管理。

⑥负责公司档案室的管理和各类档案的收集、保管、借阅。

⑦负责企业日常工作的管理和协调,指导、督查和考核各部门的工作。

⑧负责完善、检查和指导各部门管理制度等工作。

3.2.2　岗位设置

行政管理部主要岗位及工作内容如表 3-1 所示。

表 3-1　行政管理部主要岗位及工作内容

岗　位	主要工作
行政经理	行政经理是在 CEO 的领导下,努力做好 CEO 的参谋助手,起到承上启下的作用,认真做到全方位服务

3.2.3　行政经理

1)工作职责

行政经理是在 CEO 的领导下,努力做好 CEO 的参谋助手,起到承上启下的作用,认真做到全方位服务。其具体职责如下:

①协助 CEO 做好企业文化建设,筹划增强员工认同感、凝聚力的各种宣传、教育活动。

②协助 CEO 做好综合、协调各部门工作和处理日常事务。

③及时收集和了解各部门的工作动态,协助 CEO 协调各部门之间有关的业务工作,掌

握公司主要经营活动情况。

④协助参与企业发展规划的制定、年度经营计划的编制和公司重大决策事项的讨论。

⑤协助审核、修订企业各项管理规章制度，进行日常行政工作的组织与管理。

⑥配合执行企业管理体系运行及各项工作进度的监督与跟进。

⑦及时处理各种合同、公文、函电、报表等文字资料的签收、拆封、登记、呈报、传阅、催办，并做好整理归档工作。

⑧企业证照的办理、年审、更换、作废等管理，印章的保管、使用管理等。

⑨参与企业行政、设备采购管理，负责企业各部门办公用品的领用和分发工作。

2）工作任务

（1）办公用品领取

①申领企业章证：认识综合实训中企业常用章、证；领取章、证；各类章、证保管要求。

②教材、办公用品购买：购买办公用品；清点办公用品种类及数量；与综合服务中心协商开发票事宜；确定办公用品申购明细单；发放办公用品。

③后续办公用品购买：告知各部门办公用品使用、采购要求；统计各部门缺少单据类型、数量，汇总同类单据用量；去综合服务中心集中采购；核对采用办公用品类型及数量，先记账不付款，信息化任务开始后统一开票报销；依照各部门申请用量发放单据；办公用品费用报销。

（2）借款

为方便公司各部门工作人员结算因公需要而发生的零星开支、业务采购、差旅费报销等款项，新团队接手部门经营后各部门需借一定金额的备用金，在实训中各部门备用金金额均为600元，具体内容如下：

①去财务部出纳处领取借款单。

②填写借款单。

③借款单审批。

④办理借款。

（3）办公费报销

实训中办公用品由各部门申请行政管理部集中采购，相关费用由行政经理负责报销。具体内容如下：

①去财务部领取支出凭单。

②填写支出凭单。

③办理报销。

（4）拟订公章、印鉴管理制度

企业通过制定内部管理制度来传达高层管理者的经营理念、规范员工的行为、理顺业务处理流程，节约、高效利用企业资源，拟订一项制度不难，但制度要能够指导、规范企业运营，适应不断变化的外部环境，能够被公司员工认可和接受并不容易。制度的程序、流程、表单，都需要经过反复的修改和论证。具体内容如下：

①草拟公章、印鉴管理制度。

②讨论、修改制度草案。

③制度宣传与修订。

④制度颁布施行。

（5）公章印鉴、合同管理

实训中行政经理负责保管公章、合同专用章、组织机构代码证、企业营业执照正副本等资料。企业运营过程中不可避免地与外围机构发生业务往来，而且企业内部间也会有业务往来，某些经济业务需要盖章、需要企业营业执照原件或复印件才能顺利完成业务，如企业对外出售平板电脑签订购销合同时需要盖章。具体操作步骤如下：

①发放公章、印鉴、资质证照使用申请表。

②核对公章、印鉴、资质证照使用申请表。

③合同盖章。

④合同归档。

⑤合同、档案借阅。

（6）培训调研

综合实训中人力资源部负责培训工作，接收填写培训调查问卷任务后从人力资源助理处领取培训需求调查表。问卷项目介绍及填写规范可参考岗前培训中"填写培训需求调查问卷"的问卷。填写问卷过程中遇到困难可以向人力资源部相关人员寻求帮助。具体内容如下：

①培训需求调研的目的。

②培训需求调查问卷的填写要求。

③表单填写。

（7）企业文化建设

企业行政管理部负责企业形象管理，企业文化建设组织工作。行政经理协助 CEO 做好公司的团队、文化建设。具体操作步骤如下：

①组织召开企业文化刊物方案讨论会。

②约稿、审稿。

③企业文化刊物出版。

3）工作日志

岗位工作日志用于记录工作内容、落实工作过程中遇到的问题、解决及优化建议。

任务 3   人力资源部岗位

3.3.1   工作职能

人力资源部是企业发展的助推器,其核心职能是选、训、考、用、留 5 个方面。人力资源部是对公司人力资源管理工作全过程中的各个环节实行管理、监督、协调、培训、考核评比的专职管理部门,对所承担的工作负责。其主要工作职责如下:

①制定人力资源规划,拟订企业人员编制,编制人力资源支出预算,进行成本控制。

②拟订、修改、废止、解释人力资源管理制度,进行各部门职责权限划分。

③负责组织结构设计和职位说明书的编写。

④进行人员招聘与录用、员工异动和离退职管理。

⑤拟订、研究、改进薪酬管理制度,进行薪酬调整,进行考勤管理,核算和发放职工工资。

⑥建设完善培训管理体系,调查、统计分析培训需求,拟订培训计划,组织监督培训工作,进行培训效果评估。

⑦负责绩效考核体系建立和绩效考核工作的组织、实施与反馈。

⑧劳动关系管理,解决处理人事问题、劳动纠纷,维护稳定和谐的劳动关系。

⑨负责人事档案、劳动合同、培训服务协议等资料的汇集整理、存档保管、统计分析。

⑩部门内部组织、协调、提升工作的管理。

3.3.2   岗位设置

人力资源部主要岗位及工作内容如表 3-2 所示。

表 3-2   人力资源部主要岗位及工作内容

岗　　位	主要工作
人力资源部主管	负责组织公司人员招聘活动;组织制定公司考核制度,定期进行员工考核;健全公司人力资源管理制度;制订招聘计划、培训计划;部门内组织、管理、协调工作等

3.3.3   人力资源部主管

1)工作职责

①建立、健全公司人力资源管理制度。

②制订招聘计划、培训计划,组织技能考核鉴定和培训实施。

③人力资源支出预算的编制,成本控制。

④负责组织公司人员招聘活动。

⑤人事材料及报表的检查、监督。

⑥组织制定公司考核制度,定期进行员工考核。

⑦负责公司全员薪资核算与发放。

⑧建立人力资源管理信息系统,为公司的人力资源管理决策提供参考。

⑨部门内组织、管理、协调工作。

2)工作任务

(1)招聘

①校园招聘操作步骤:测评工具准备;编制校园招聘任务分工日程表;准备宣讲资料;发布招聘会通知;发布招聘会通知宣讲;收集、筛选简历;确定面试时间;发布面试通知;面试;公布招聘结果。

②日常招聘操作步骤:面试;面试结果评定;面试结果反馈。

(2)借款

为方便公司各部门工作人员结算因公需要而发生的零星开支、业务采购、差旅费报销等款项,新团队接手部门经营后各部门需借一定金额的备用金,在综合实训中各部门备用金金额均为 600 元,具体内容如下:

①部门备用金借款。去财务部出纳处领取借款单;填写借款单;借款单审批;办理借款。

②工资发放借款。填写借款单;办理借款。

(3)薪酬核算

人力资源部主管每月月末核算当月工资,制作职工薪酬统计表、职工薪酬统计——部门汇总表、企业代缴福利表、职工薪酬发放表,并将制作完成的表格交财务总监和 CEO 审核、签字、准备发放工资。

①薪酬核算、编制职工薪酬统计表。计算考勤扣款金额;计算"五险一金"单位代缴、代扣金额;计算季度奖金金额;计算辞退福利;其他扣款项目金额;计算应税工资金额;计算个人所得税金额;计算实发工资金额。

②制作企业代缴福利表。筛选企业承担五险一金项目;表单填写。

③制作职工薪酬统计——部门汇总表。

④表单审核步骤。编制完成报表交财务总监审核签字;编制完成报表交 CEO 审核签字;将签字完成的职工薪酬统计表——部门汇总表交总账会计做账;将职工薪酬统计表、职工薪酬统计——部门汇总表存档。

(4)薪酬发放

具体操作如下:

①制作职工薪酬发放表。

②填写借款单。

③去银行办理发放手续。

（5）培训调研

①培训需求调研。培训需求调研的目的；培训需求调查问卷的填写要求；表单填写。

②培训需求分析。汇总整理问题、挑战及培训需求信息；培训需求分析；表单填写。

（6）审核、指导

人力资源部负责公司人力资源的规划、开发与管理工作。"人尽其才，才尽其用"是人力资源部的主要目标。人力资源部主管主要负责人力资源部各种业务和日常管理工作的有条不紊运行。

①人力资源业务工作指导：招聘工作；绩效考核工作；员工辞退。

②部门日常管理工作。

3）工作日志

岗位工作日志用于记录工作内容、落实工作过程中遇到的问题、解决及优化建议。

任务4 采购部岗位

3.4.1 工作职能

采购部是企业的重要业务部门，其主要职能如下：

①采购计划管理：审核企业生产部呈报的年度物料需求计划，统筹策划和编制采购计划等。

②供应商管理：开发和选择供应商，对供应商进行考评，建立完整的供应商档案库等。

③采购活动管理：根据采购计划，下达采购订单，协调供应商送货，验货入库和支付款。

④采购合同管理：组织采购合同的评审，建立采购合同台账，并对合同的执行进行监督等。

⑤采购成本管理：实施科学的库存策略和采购策略，以综合采购总成本最低供应生产所需。

⑥采购订单管理：对采购订单进行执行前、执行中、执行后跟踪，及时处理突发问题。

3.4.2　岗位设置

采购部主要岗位及工作内容如表 3-3 所示。

表 3-3　采购部主要岗位及工作内容

岗　位	主要工作
采购总监	统筹采购规划和确定采购内容,制订采购计划和目标,改进采购的工作流程和标准,降低库存成本等,综合运用采购专业知识和技能实施有效管理,实现采购管理目标
采购专员	根据采购计划和采购合同制作采购订单,实时掌握物资材料的库存和生产情况,物料货款和采购费用申请与支付等工作

3.4.3　工作流程

采购部工作流程如图 3-1 所示。

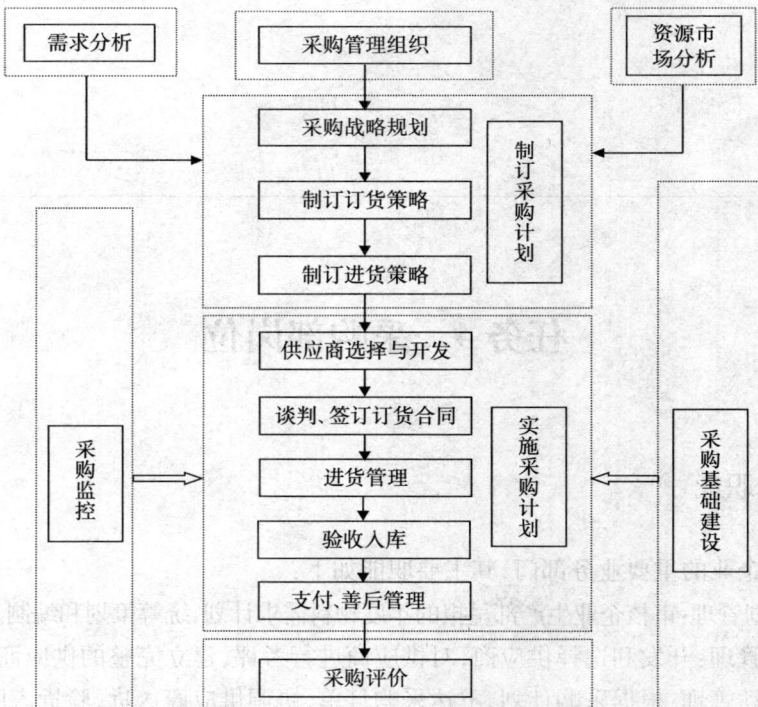

图 3-1　采购部流程图

3.4.4 采购总监

1）工作职责

根据企业经营目标和采购部业务特点，采购部一般设有采购总监岗位，要求采购总监具有较强的"经营意识"，并综合运用采购专业知识和技能实施有效管理，实现采购管理目标。采购总监岗位具体职责如下：

①统筹采购规划和确定采购内容，保证满足经营活动的需要，降低库存成本。

②制订采购计划和目标，改进采购的工作流程和标准，降低库存成本。

③参与收集供应商信息，开发、选择、处理与考核供应商，建立供应商档案管理制度。

④负责采购物流、资金流、信息流的管理工作。

⑤审核、签署与监督执行采购合同，审核采购订单和物资调拨单。

⑥根据需要采取相应的应急行动或进行后续跟踪，保证完成紧急采购任务。

⑦解决与供应商在合同上产生的分歧以及支付条款问题。

⑧负责制定本部门各级人员的职责和权限，负责指导、管理、监督本部门人员的业务工作，做好下属人员的绩效考核和奖励惩罚工作，进行部门建设、部门内员工的管理培训工作。

⑨负责并确保所采取的采购行为符合有关政策、法规和道德规范。

⑩完成上级领导交办的其他临时性工作。

2）工作任务

（1）编写采购合同草案

编写采购合同草案是根据采购物料的品类、供应市场状况，针对采购物品的规格、技术标准、质量保证、订购数量、包装要求、售后服务、价格、交货日期与地点、运输方式、付款条件等与供应商沟通后，按照采购合同的规定格式制定规范文本，为签订合同打下基础。具体步骤如下：

①召集采购部会议，进行编写分工。

②分析供应商考评记录，确定各类物料采购合同的关键条款。

③采购部共同确定采购合同结构。

④编写采购合同草案。

⑤审核各类物料采购合同草案。

（2）编制采购计划

编制采购计划是在合理利用供应环境机会，并综合考虑运输成本、存货成本、每次订货成本等因素，将物料需求计划转变为采购计划，确定发出订单的时机和订购数量的过程。具体步骤如下：

①确定第四季度物料需求计划。

②确定第四季度采购任务。

③根据供应商折扣策略调整采购数量。

④编制第四季度采购计划。

⑤请总经理审批。

（3）签订采购合同

签订采购合同是企业与选择的供应商针对商品的品种、规格、技术标准、质量保证、订购数量、包装要求、售后服务、价格、交货日期与地点、运输方式、付款条件等进行反复磋商，双方无异议后，为建立双方满意的购销关系而办理的法律手续。具体步骤如下：

①完善采购合同。

②填写合同会签单。

③采购总监让采购员办理采购合同会签单审批手续。

（4）采购部借备用金

备用金是采购部为应急、合理的例外支出而准备的，假如公司规定各部门准借备用金600元，并按照规定程序到财务部办理借款手续。具体步骤如下：

①到财务部领取借款单。

②采购总监填写借款单。

③请财务总监审批借款单。

④审批后到财务部出纳处领取现金。

3）工作日志

岗位工作日志用于记录工作内容、落实工作过程中遇到的问题、解决及优化建议。

3.4.5　采购专员

1）工作职责

根据企业经营目标和采购部业务特点，采购部一般设采购专员等岗位，要求采购专员具

有较强的服务意识,按照业务流程主动协同工作展示专业能力,完成采购具体工作任务。采购专员岗位具体职责如下:

①收集供应商信息,开发、选择、处理与考核供应商,建立健全供应商网络图和档案管理。

②根据采购计划和采购合同制作采购订单。

③实时掌握物资材料的库存和生产情况,对所订购的物资从订购至到货实行全程跟踪。

④严格把好质量关,对不符合物资材料坚决拒收,尽量避免不合格品积压,提高资金周转率。

⑤制作商品入库的相关单据,积极配合仓储部保质、保量地完成采购货物的入库。

⑥物料货款和采购费用申请与支付。

⑦监控库存变化,及时补充库存,使库存维持合理的结构和合理的数量。

⑧负责建立供应商档案,并及时更新。

⑨确保所采取的采购行为符合有关政策、法规和道德规范。

⑩完成上级领导交办的其他临时性工作。

2)工作任务

(1)支付采购货款

①核对采购合同执行情况表。

②到财务部出纳处领取支出凭单,填制支出凭单,请采购总监审核。

③请成本会计(主管)核对,请财务总监审核、CEO 审批。

④支出凭单审批后,到财务部出纳处领取支票和办理电汇。

(2)编写采购合同草案

编写采购合同草案是根据采购物料的品类、供应市场状况,针对采购物品的规格、技术标准、质量要求、订购数量、包装要求、售后服务、价格、交货日期与地点、运输方式、付款条件等与供应商沟通后,按照采购合同的规定格式制订规范文本,为签订合同打下基础。具体步骤如下:

①参加采购部会议,明确编写分工。

②分析供应商考评记录,明确各类物料采购合同的关键条款。

③明确采购合同的基本结构。

④编写采购合同草案。

(3)签订采购合同

签订采购合同是企业与选择的供应商针对商品的品种、规格、技术标准、质量保证、订购数量、包装要求、售后服务、价格、交货日期与地点、运输方式、付款条件等进行反复磋商,双方无异议后,为建立双方满意的购销关系而办理的法律手续。具体步骤如下:

①领取合同会签单和采购合同。

②请财务总监审核、总经理审批合同会签单。

③办理合同盖章与存档,合同生效。

(4)下达采购订单

下达采购订单是采购员根据采购计划,执行采购合同,填写采购订单向供应商发出采购请求,确认供应商答复、协调验收入库的过程。主要包括下达采购订单和订单跟踪两大作业环节。具体步骤如下:

①执行采购计划。

②填制采购订单,请采购总监审批。

③采购专员送达采购订单。

④填写采购合同执行情况表。

⑤订单跟踪。

3)工作日志

岗位工作日志用于记录工作内容、落实工作过程中遇到的问题、解决及优化建议。

任务5　生产部岗位

3.5.1　工作职能

生产部是企业的重要管理部门,主要负责有效组织生产部门资源,实现产品高效优质生产,成品准时入库。生产部的主要职能如下:

1)生产管理

根据生产部中计划员下达的生产计划,组织产品生产,保证产品、质量、交期的有效实现;以更低的成本按时、保质、保量地完成生产部和其他职能部门下达的产品生产任务和其他临时工作任务,确保作业,确保安全并可持续运行;制定生产部门人力资源、物料、设备需求计划,以满足生产的需要;"ISO 9000"体系及"5S"活动在生产车间的有效实施与推行。

2) 物料控制

严格执行各项物料管理制度,降低物料成本;负责生产过程中物料的控制与管理;确保物料配套生产,提高物料利用效益。

3) 设备管理

监督设备管理运作,提升设备利用率;执行设备的日常维护管理;遵守国家安全生产法规,执行公司安全操作规程,采取有效劳动保护措施,监督劳动防护用品的有效利用,实现安全文明生产,可持续运行。

4) 日常工作管理

每日组织召开生产协调会;定期组织部门例会;制度与工作任务执行与监督;负责部门成本预算与控制,制定相关工作制度,设置相关工作流程,规范部门协作;设定例会制度,保证部门信息流通、信息共享,确保整体运作内耗持续下降;健全生产人才培养机制,积极组织培训学习,提高工作技能,提升工作绩效,提高员工职业素养。

3.5.2　岗位设置

生产部主要岗位及工作内容如表3-4所示。

表3-4　生产部主要岗位及工作内容

岗　位	主要工作
生产总监	负责参与制定公司发展战略与年度经营计划,主持制订、调整年度生产计划及预算,计划并指导与生产、工厂管理、原材料供应及质量相关的工作。协调各部门之间的沟通与合作,及时解决生产中出现的问题
生产计划员	负责编制各期生产计划、设备检修计划、物资采购储备计划、费用计划、用人计划、质量计划等并在审批后组织实施
车间主任	制定整个车间的活动目标和各项技术经济指标,把各个生产环节互相衔接、协调起来,使人、财、物各要素紧密结合,形成完整的生产系统。按季、月、日、时制订生产作业计划,质量、成本控制计划,设备检修计划
仓储主管	仓库布局规划与调整,仓库管理制度完善,工作流程的完善,客户管理,运输管理,成本控制,安全库存分析

3.5.3　工作流程

生产部工作流程如图 3-2 所示。

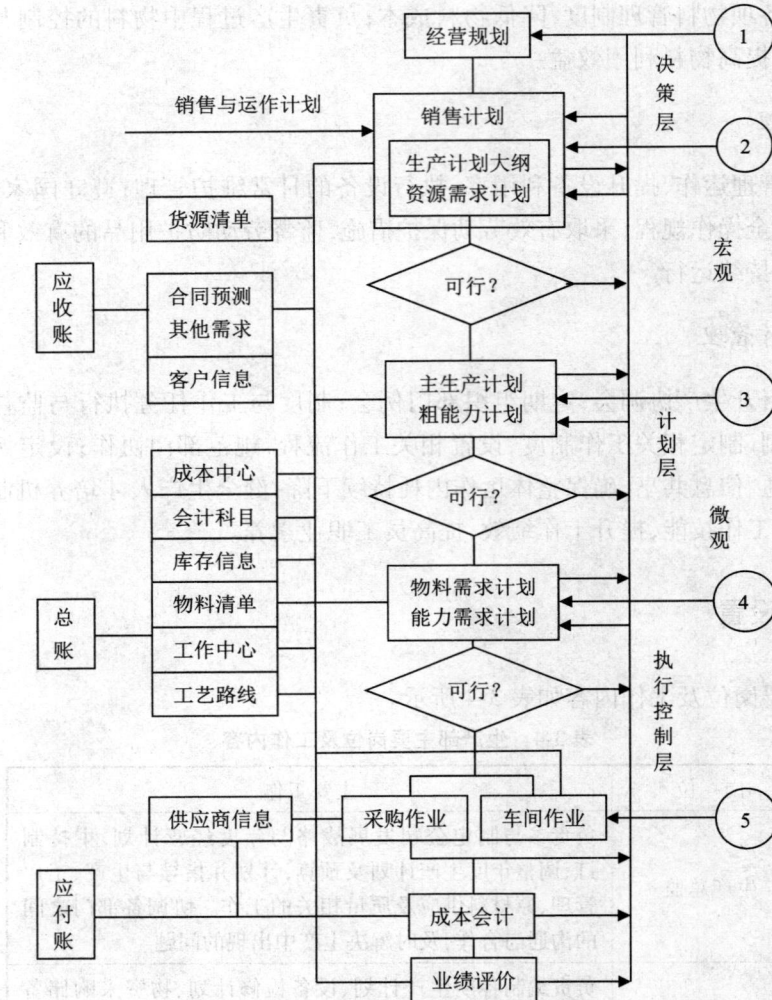

图 3-2　生产部工作流程

3.5.4　生产总监

1）工作职责

生产总监是生产部的负责人,CEO 的领导下,对工厂各项生产经济技术指标的完成负全部责任。其具体职责如下:

①组织编制生产管理等方面的规章制度;监督、检查和指导规章制度的执行,确保生产活动有序进行。

②组织、协调、监督下属各职能部门和生产车间的生产活动。

③定期组织召开生产调度会等生产会议,研究解决生产过程中遇到的问题。

④对所辖部门发生的费用进行严格控制,制定费用控制与审批流程。

⑤向下属部门下达各项费用的控制标准,并监督检查其执行情况。

⑥定期对安全生产情况进行检查、监督,制定和落实安全生产防范措施;排除生产中出现的安全隐患,妥善处理生产中的重大事故。

⑦审批各有关职能部门和生产单位新增设备购置计划等流程;安排生产设备的维修、保养工作,确保企业生产任务的顺利完成。

⑧依据企业历年销售情况,编制部门预算计划;全面组织、协调生产车间的原材料、物料供应工作。

⑨负责指导、管理、监督分管部门的业务工作,不断提高工作效率和工作质量。

⑩做好下属人员的培训、考核和奖惩工作,最大限度地调动员工的积极性;根据生产加工计划对车间生产人员进行派工,并跟踪派工的执行情况。

2)工作任务

(1)完工入库审核

产品加工、组装完成后,送生产计划员进行产品检验,检验合格后,才算真正完工。生产总监接收车间主任送来的附有产品检验合格报告的完工单,审核产品的完工状况。具体操作步骤如下:

①接收车间主任送来的派工单和生产情况执行表及填写的产品完工单,产品质检报告单。

②根据派工单审核完工单填写的产品是否已经派工。

③根据生产情况执行表审核完工单填写的产品是否已领料生产。

④根据产品质检报告单审核完工产品的产品合格情况。

⑤审核无误,在完工单的生产总监处签字。

(2)编制主生产计划

主生产计划是闭环计划系统的一个部分,主生产计划的实质是保证销售规划和生产规划对规定的需求(需求什么、需求多少和什么时候需求)与所使用的资源取得一致。主生产计划考虑了经营规划和销售规划,使生产规划同它们相协调。它着眼于销售什么和能够制造什么,这就能为车间制订一个合适的主生产进度计划,并且以粗能力数据调整这个计划,直到负荷平衡。

简单地说,主生产计划是确定每一具体的最终产品在每一具体时间段内生产数量的计划。这里的最终产品是指对企业来说最终完成、要出厂的完成品,它要具体到产品的品种、型号。这里的具体时间段,通常以周为单位,在有些情况下,也可以是日、旬、月。主生产计划根据客户合同和市场预测,把经营计划或生产大纲中的产品系列具体化,使之成为展开物料需求计划的主要依据,起到从综合计划向具体计划过渡的承上启下作用。

主生产计划说明在可用资源条件下,企业在一定时间内,生产什么、生产多少、什么时间生产。具体操作步骤如下:

①销售预测栏数据的计算。

②销售订单栏数据的计算。

③预生产量栏数据的计算。

④期初库存栏数据的计算。

⑤安全库存栏数据的计算。

⑥可用库存栏数据的计算。

⑦可用能力栏数据的计算。

⑧主生产计划量栏数据的计算。

⑨生产计划表的填写。

（3）审核物料净需求计划

生产计划员计算完成物料净需求计划后，送生产总监进行审核其准确性。生产总监接收生产计划员送来的附有物料净需求计划表的物料净需求计划，审核物料净需求计划编制的准确性，要审核其准确性必须先学会物料净需求计划的编制过程。具体步骤如下：

①接收计划员送来的物料净需求计划。

②审核物料净需求计划编制的准确性。

③审核无误，在物料净需求计划的生产总监处签字。

（4）编制生产设备需求计划

每个季度的季初生产总监应根据销售订单汇总表、库存报表、车间产能报表、主生产计划表，计算并填写生产部生产设备需求计划表。将填制完成后的生产设备需求计划表传递给生产计划员。

①根据销售订单汇总表、库存报表、车间产能报表计算设备到位时间。

②根据设备的生产能力、购置费及资金状况确定需求设备规格及数量。

③根据厂房的容量、价值及资金状况确定需求厂房类型。

④填制完成后的生产设备需求计划表传递给生产计划员。

（5）生产派工

①生产派工：根据生产加工计划、车间产能情况、生产投料日期先后顺序填写生产、组装派工单；向生产部车间主任派发工单。

②生产进度控制：检查车间管理员提供的生产情况执行表，关注各制造部门在此表上记录的生产时间、生产数量等数据，关注进度以便跟催；若生产前不能将物料、生产线准备妥善，应迅速通知相关部门，更改生产计划，同时重新下达新的派工单或更改派工单。

（6）审核领料单

车间主任接到生产总监下达的派工单后，进行生产领料，填写领料单，并将领料单送生产总监审核。生产总监收到车间主任送来的领料单时，审核产品生产的领料情况。

①接收领料单。

②根据派工单和物料清单审核领料单填写的准确性。

③审核无误，在领料单的生产总监处签字。

（7）生产部借款

根据公司相关规定，期初部门可以向财务借款作为备用金。

①去出纳处领取借款单。

②填写借款单,借600元作为部门备用金。

③拿借款单找财务总监审核。

④拿借款单到出纳处领取现金。

3)工作日志

岗位工作日志用于记录工作内容、落实工作过程中遇到的问题、解决及优化建议。

3.5.5　生产计划员

1)工作职责

生产计划员是在生产总监的领导下,负责编制各期生产计划、设备检修计划、物资采购储备计划、费用计划、用人计划、质量计划等,并在审批后组织实施。其具体职责如下:

①根据企业市场预测组织制定生产规划。

②根据生产规划和销售订单组织编制主生产计划。

③合理调配人力、物力,调整生产布局和生产负荷,提高生产效率。

④根据市场预测、生效的主生产计划,制定生产规划。

⑤根据生产能力规划、产能标准,提出设备、人员需求。

⑥确定产品总需求量、实际需求量,进行物料需求计划计算。

⑦确定生产加工计划及物料净需求计划,并提交给各相关岗位。

2)工作任务

(1)产品检验

①生产主任将送检单送产品质检员(生产计划员兼)。

②产品质检员(生产计划员兼)对完工待检产品进行抽样检验,并填写质检报告单,同时

出具产品合格证、产品说明书、产品维修单。

　　③质检完毕后,将质检报告单、产品合格证、产品说明书、产品维修单交生产管理员。

　　(2)编制物料净需求计划

　　①编制物料净需求计划。

　　②编制生产部生产加工计划。

3)工作日志

岗位工作日志用于记录工作内容、落实工作过程中遇到的问题、解决及优化建议。

3.5.6　车间主任

1)工作职责

　　车间主任是在生产总监的领导下,负责全面协调车间工作,对生产过程进行监督、指导,同时进行生产质量控制,保证生产质量,合理安排车间设备的使用,使设备发挥最大效率,向生产工人布置生产任务,提出相关技术要求和质量要求,组织车间生产员工参加业务培训。其具体职责如下:

　　①负责车间内原辅材料的领取、退库。

　　②据生产作业计划核对物料的需求,负责所需物料的跟催工作。

　　③对生产中物料的使用情况及不良品进行控制。

　　④对车间内产成品的缴库情况进行管理。

　　⑤协调、督促生产车间零部件、各工序产成品的流转事宜。

　　⑥监督、检查车间各项工作,做好生产任务和车间各项工作检查。

　　⑦记录班组内员工工时,准确核算员工的绩效工资。

　　⑧配合人力资源部做好车间员工考勤及工资核算等事宜;实时记录员工的产量,做好车间生产产量的统计工作。

⑨每天按时收集、填报各车间的生产报表;负责协调与相关部门的关系。

⑩及时与上级领导沟通,汇报车间生产情况;完成领导交办的其他任务。

2)工作任务

(1)产品完工质检入库

①填写产品完工单:组装车间产品组装完工后,车间主任根据派工单和生产情况执行表填写产品完工单;将派工单和生产情况执行表及填写的产品完工单交给生产总监审核;生产总监审核无误并签字后,根据完工单填写完工送检单。

②填写完工送检单:生产总监审核无误并签字后,根据完工单填写完成送检。填写完毕后,车间主任将成品完工单和完工送检单一并交由质检员(生产计划员兼)进行产品检验。质检合格,完工入库;质检不合格,返工处理。

③填写生产报告,办理入库手续:产品质检合格并由质检员出具质检报告后,根据产品完工单及完工质检单登记生产部生产执行情况表;携带生产总监审核无误并签字后的产品完工单及质检员质检并签字后的质检报告单和产品去仓库入仓;将产品完工单、质检报告单和产品交给仓管主管;等待并领取仓管主管填写的成品入库单,并将成品入库单分类归档。

(2)生产派工

日常生产派工就是用派工指令把每周、每日、每个轮班以致每小时各个工作岗位的生产任务进行具体安排,并检查各项生产准备工作,保证现场按生产作业计划进行生产。同时,它又是执行生产作业计划、控制生产进度的具体手段。通过派工指令把班组的生产作业计划任务进一步具体分解为各个工作地在更短时期内(如周、门、轮班、小时)的生产任务。因此,日常生产派工是执行生产作业计划、控制生产进度的具体手段。

①根据材料派工单、物料清单,填写产品领料单。

②将填好的领料单交给部门经理审核。

③根据领料单去仓储主管处领料,并将领料单送仓储主管。仓储主管根据领料单填写材料出库单,并将材料出库单的生产部留存联交给车间主任。

④根据派工单进行产品组装,填写生产情况执行表。

3)工作日志

岗位工作日志用于记录工作内容、落实工作过程中遇到的问题、解决及优化建议。

3.5.7　仓储主管

1）工作职责

仓储主管是在生产总监的领导下,负责仓储日常运营管理工作。其具体职责如下:

①根据仓储规划和目标,改进仓库的工作流程和标准,优化库存方案,加快存货周转速度,降低库存成本。

②合理规划公司仓储场所,对公司仓储场所进行全面管理,达到最佳利用率。

③监督执行仓库的安全管理和现场规范管理。

④对物料收、发、存进行管理,并监督仓库进行盘点清查,发现账、物、卡不符时,找出原因并予以调账或上报处理。

⑤设计、推行及改进仓储管理制度,并确保其有效实施。

⑥安全库存分析与制定。通过以往经验对每个季度销售或会计周期进行预测,并进行库龄评估,避免呆滞死货占用资金。

⑦负责制定本部门各级人员的职责和权限,负责指导、管理、监督本部人员的业务工作,做好下属人员的绩效考核和奖励惩罚工作,负责部门建设、部门内员工的管理培训工作。

⑧运用有效领导方法,有计划地进行培养教育和训练,激励所属人员的士气,提高工作效率,并督导其按照工作标准或要求,有效执行其工作任务,确保本部门的目标高效达成。

⑨完成上级领导交办的其他临时性工作。

2）工作任务

（1）建期初库存台账

库存台账是用来核算、监督库存物料和成品的,因此需将各种物品分别设账,以便能把该物品的进、销、存清晰地反映出来。

初次建账,先将所有物品的实物库存数量盘点出来,再按各种物品分别建账,将盘点出来的实物库存数作为台账的期初库存,以后每次入库和出库的物品数量都及时准确地在台账上进行登记,算好结存数量。

物料卡是一种实物标签,是仓储主管管理物品的"耳目"。能够直接反映物料的品名、型号、规格、数量、单位及进出动态和库存数量。

（2）采购入库

采购入库依据上个月的采购订单,本月到货后,针对生产所需的外购原材料实施物料验收、入库作业。

①物料验收。接到供应商送达的原材料后,仓储主管首先要核对上月采购订单、供应商发货单或采购合同;仓储主管根据采购合同中规定的验收方式和验收标准进行物料的数量、质量、外观包装验收工作;仓储主管将验收结果填入物料检验单。

②填写采购原材料入库单。

③搬运、堆码到仓位。

④填写物料卡。

（3）产品完工入库

生产部完成产品组装、成品质检后,申请成品入库。仓储主管办理产成品入库手续,填写成品入库单,将产品入库到成品库产品入货位后需填写物料卡。

①办理成品入库,填写成品入库单:核对车间出具的成品完工单或质检单信息是否齐全;根据成品完工单验收平板电脑数量,验收无误才准许入库;根据成品完工单和验收实际情况,填写产品成品入库单。

②成品入货位,填写物料卡:将验收合格产品成品一次性搬运入库到指定成品仓库位;根据成品入库单,填写物料卡。

（4）生产领料出库

生产部按照生产领料单去仓储主管处领取产品组装所需的全部物料。仓储主管根据领料单办理物料出库,并且更新物料卡。

①产品领料检查。仓储主管在接到生产部产品组装领料单后,根据领料单和物料清单,核对领料单的物料品种、数量是否准确。产品组装领料强调配套性,仓储主管要检查领料单中的物料配套是否符合物料清单中的配套关系;查询库存台账物料可用量,确认生产用成套物料库存是否充足,并查询确认出库物料的准确货位。

②填写材料出库单。根据领料单和配套领料分析结果,填写材料出库单。

③物料出库、填写物料卡。仓储主管办理物料分拣出库;更新物料卡记录出库。

（5）销售发货出库

仓储主管接到销售部提出的销售出库通知后,根据发货单的要求填写成品出库单,办理出库手续,并更新物料卡。

①填写成品出库单。仓储主管核对销售部开具的发货单,是否符合填写要求,手续是否齐全;查询产品成品台账库存量及货位;根据发货单填写成品出库单。

②办理出库、填写物料卡。仓储主管根据出库单拣货、发货;更新物料卡。

（6）库存盘点

库存盘点是指定期或不定期地对储存物品进行清点、查核,即对仓库现有物品的实际数量和库存台账上记录的数量进行核对,检查有无差异和质量问题,以便准确掌握物品保管数量,进而核对库内物资金额。

①盘点前准备。明确盘点的具体方法和作业程序;配合总账会计作好准备,设计打印盘点用表单;确定盘点时间;盘点人员的组织与培训。清理盘点现场:盘点前对已验收入库的商品进行整理归入储位,对未验收入库属于供货商的商品,应区分清楚,避免混淆,账卡、单据、资料均应整理后统一结清。

②盘点。

③盘点结果处理。

a. 查清盘点差异的原因：盘点会将一段时间以来积累的作业误差及其他原因引起的账物不符暴露出来，发现账物不符，而且差异超过容许误差时，应立即追查产生差异的原因。

b. 盘点结果的处理：差异原因查明后，应针对主要原因进行适当的调整与处理，至于呆废品、不良品减价的部分则需与盘亏一并处理。

3）工作日志

岗位工作日志用于记录工作内容、落实工作过程中遇到的问题、解决及优化建议。

（空白表格）

【知识拓展】

外贸订单延误遭索赔，是谁的责任？

提问：我们是一家主要接受外贸订单的制造企业，去年遇到一起严重的外贸索赔事件。营销总监说，正常订单我们10天就可以交付，我是提前20天提报给了生产部门，营销这边并没有耽误；生产总监说：我们知道是出口订单，在接到销售订单后，我们就按计划提报给了采购部门，但有种原材料进不来，我们也巧妇难为无米之炊的感觉；采购部经理说：我们也在按计划采购，但这种特殊原材料需要先付款定做，财务说资金比较紧；财务总监解释道：没有人告诉我订单多急，如果知道这么急迫，其他款项完全可以缓付。按说都没责任，但又都有责任，法不责众显然说不过去，可各打五十大板后，这类问题就从此不再发生吗？

回答1（济南蓝贝思特科技有限公司宋子义）

出现这种情况，有几个方面的原因：一是观念存在问题。各人自扫门前雪，工作缺乏主动性，也没有真正为用户着想。每个部门面对异常哪怕多走一步，追溯一下，若仍不能解决可及时反馈到其上一级那里，也许就能有效解决。二是信息渠道不够畅通。信息不能共享，财务、采购等只是见到分解的材料及付款，未必知道各种订单的紧迫性。三是异常反馈机制存在问题。当企业运转出现异常时没有及时的反馈和制约机制，导致问题到最后暴露时已无可挽回。

解决问题的建议：

第一，以这个案例来引导员工，形成高度重视订单交期的文化氛围。因企业环节众多，普通员工没机会面对和感受顾客，但企业又环环相扣，只有每个环节将上一个工序"顾客"无瑕疵地服务好，自然就能服务好终端顾客。

第二，建立信息共享渠道。可以在每天下班前1小时召开生产调度会议，参会部门包括订单牵扯部门的主管或代表，其中包括督查部门，企业的部门越多越有必要。

第三，建立异常反馈机制。编制异常信息反馈通知单并建立相应制度，对异常问题必须有跟进机制。

第四，导入考核体系。下道工序对上一环节的人员要有一定的考核权限，只有与员工切身利益挂钩，才能保证体系的有效运行，否则必然逐步流于形式。

回答2（建行山东分行资金结算部魏民）

从问题的表象入手，我们可以看到该企业在几个方面存在更深刻的问题：

第一，流程方面的问题。一是标准问题。上一节点对下一节点的工作没有时间和质量要求，导致下一节点不知其具体工作的标准，只能按平常所谓"约定俗成"的要求完成工作。二是反馈机制的问题。上下两个节点未建立上下沟通的制度体系和运作机制。三是特殊及应急事项处理问题。对特殊订单及其他特殊事项未规定具体的处理流程及标准，因此对特殊原材料需要先付款定做这一特事急事既未通知财务部门，也未对上级领导反映，直接导致付款不及时，进而导致外贸索赔发生。

第二，检查方面的问题。一是日常监督缺失；二是管理评估不到位。

第三，沟通方面的问题。财务总监一句"没有人告诉我订单多急"，充分说明了该制造企业在沟通上的问题。

对这个问题的处理，肯定不能以"法不责众"推脱了事，更不能各打五十大板。首先，要追究最高管理层的责任。构建科学的流程并对其运转进行监督，是CEO的首要工作，核心流程的建设及运转问题，一定是CEO的责任。其次，要分清流程各环节的责任，采购部门明知这种特殊原材料需要先付款定做，当财务说资金较紧时，却听之任之，未采取任何措施，直接导致采购无法完成，影响生产与销售，并最终导致索赔案的发生，因此其应对案件承担更重的责任。生产、财务部门的责任次之，其主要责任在于当明知本环节出现问题后，却未及时主动地采取相应措施，当原材料供应不足时，生产部门就"等着"生产，当资金紧张时，财务部门就暂不付款，因此，要对生产、财务等部门问责。营销部门的责任从表面看最轻，提前20天将订单报生产部门并告之为外贸订单，但营销部门仍应承担责任，理由在于：作为直接接触客户的部门，营销部门是企业内外联系的桥梁，其不仅要知客——了解熟悉客户，也要知己，对企业自身的工作运营也应知晓，只有如此，营销部门才可能真正做好客户的维护工作。

改进建议：

（1）强化制度与流程建设

要特别注意以下几点：一是强化时间管理和质量管理，将时间、质量要求贯彻到所有岗位、部门、环节及流程中，并在考核体系设计中，将时间和质量达标情况作为考核奖惩的重要内容。二是强化节点管理,在明确各部门、岗位、环节责任的基础上做好节点之间的前后交接与信息互馈,将责任、交接及互馈要求具体化、文字化。既要强调各部门、各流程专业专注、各扫门前雪,又要讲求流程的平顺,讲求直接关联的两节点之间的全面交接与全面协调。为防止此项工作表面化,条件许可的企业,可引入责任会计体系,用数字核算各责任主体(包含各环节各工序)的成本和利润,促使各工序各责任主体之间的相互把关。三是建立特殊及应急事项的处理机制,并通过桌面推演和实际演练,确保其落实到位。需要说明的是,流程建设问题,企业经营管理的一把手必须要高度重视并亲自负责,一般不要交给分管某一项工作的副职。四是建立定期沟通机制,核心是通过制度形式将跨部门跨岗位的沟通通过一定形式加以固化。建立适用于本企业的信息沟通系统,充分利用信息技术,使内部沟通成为一个有效网络。

(2)建立稽审工作体系

一方面,应设立专门的岗位或机构,对日常工作进行日常监控,包括流程各环节各岗位的作业情况、交接情况进行监督审查。另一方面,应定期进行体检,通过管理评估或引入外部管理咨询顾问公司,对企业长流程、内部处理各环节等不同层面不同侧面的活动进行评估,以及时发现问题所在。

(3)建立和加强责任体系

一是要将责任作为企业文化和各项制度设计中的最重要方面进行建设。二是明确组织体系中各部门各岗位的责任。三是建立考核体系,将尽职尽责作为企业各层级考核的核心。四是建立问责机制,当问题出现时必须要有人承担责任。

任务6 销售部岗位

3.6.1 工作职能

销售部是企业的重要部门,企业利润的创造部门,在企业中具有举足轻重的地位。营销工作的成功与否直接决定企业的成败。在本实训模拟的企业中,销售部包括两大职能:一为销售,二为市场。其主要职能如下:

①完成公司制定的营销指标。
②营销策略、计划的拟订与实施。
③营销经费的预算和控制。
④营销管理制度的拟订、实施和改善。
⑤部门员工管理。

3.6.2 岗位设置

销售部主要岗位及工作内容如表3-5所示。

表 3-5　销售部主要岗位及工作内容

岗　位	主要工作
销售总监	在 CEO 的领导下,负责销售部所有工作
市场专员	承担公司产品市场调查、市场分析与预测、市场开发、产品开发、产品促销等工作
销售专员	负责完成公司下达的销售指标,负责指定区域内公司产品的客户推广和销售管理工作

3.6.3　工作流程

销售部工作流程示意图如图 3-3 所示。

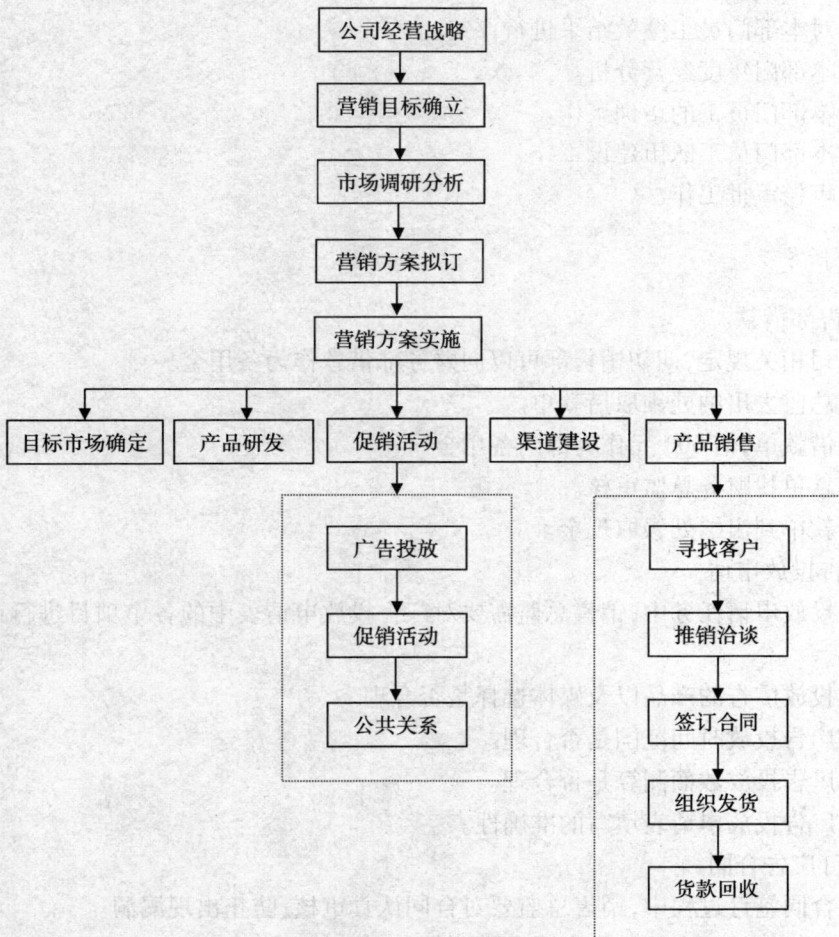

图 3-3　销售部工作流程

3.6.4 销售总监

1）工作职责

销售总监是销售部的负责人,在 CEO 的领导下,负责销售部所有工作。其具体职责如下:

①根据公司发展战略和总体目标,负责制定企业营销总体规划并组织实施。

②负责制订本部门业务计划并监督执行。

③负责营销经费的预算和控制。

④负责营销方案编制、审核与监督执行。

⑤负责营销管理制度的拟订、实施与改善。

⑥负责对本部门员工绩效结果进行评定。

⑦负责本部门年度经营分析。

⑧负责本部门员工的培训工作。

⑨负责本部门员工队伍建设工作。

⑩其他审核审批工作。

2）工作任务

（1）销售部借款

根据公司相关规定,期初销售部可以向财务部借款作为备用金。

①销售总监去出纳处领取借款单。

②填写借款单,借 600 元作为部门备用金。

③拿借款单找财务总监审核。

④拿借款单到出纳处领取现金。

（2）广告投放申请

在广告投放申请任务中,销售总监需要对广告投放申请表中的各个项目进行认真审核、审批。

①审核投放广告的产品以及媒体选择是否合理。

②审核广告投放时间范围是否合理。

③审核广告投放数额测算是否合理。

④审核广告投放申请表填写的准确性。

（3）签订广告合同

在广告合同签订过程中,销售总监要对合同认真审核,防止出现漏洞。

①接收市场专员送来的广告合同及合同会签单。

②审核广告合同填写的准确性。

③依据广告投放申请表审核需要进行广告宣传的产品、宣传区域及广告合同的广告投放时间、广告费及付款方式。

④在合同会签单上签字。

（4）广告费财务报销

在广告费财务报销时，销售总监需要对广告合同支出凭单进行审核。

①接收市场专员送来的附广告费发票的支出凭单。

②根据广告预算申请表、广告合同、广告费发票审核业务真实性。

③审核支出凭单填写的准确性及全面性。

④审核无误，在支出凭单上签字。

（5）申请参加商品交易会

在销售专员申请参加商品交易会的过程中，销售总监需要对会务费借款进行审批。

①接收销售专员送来的借款单及参会回执。

②审批此项业务的真实性（有无参会通知）。

③根据通知中的会务费金额审核借款金额和借款人。

④审核无误，在借款单中的部门经理处签字。

（6）参加商品交易会

①审批销售合同。审批销售合同的合理、合法性（主要审核交货时间、收款方式等）；审核无误，在合同会签单上签字。

②汇总销售订单。根据销售订单明细表、销售合同编制销售订单汇总表；将汇总表送交生产部；通知销售专员把合同归档。

（7）编制营销策划方案

①营销策划方案工作部署。销售部内部开会，启动营销策划方案的编写；营销策划方案由销售部经理主导，市场专员和销售专员具体负责哪些信息的收集和整理。

②确定营销目标。根据 SWOT 分析、竞争对手分析报告和上一期销售情况，确定销售总目标和利润目标；确定市场占有率、销售目标和利润目标等。

③制定营销策略。制定营销总体策略；制定产品策略；制定定价策略；制定渠道策略；制定促销策略。

④制订营销计划。制订工作计划，将营销目标和策略落实到人；工作计划用 Excel 表格制作，包括工作、开始时间、结束时间、负责人；将工作计划发给部门内部所有员工，并召开部门内部会议、落实工作。

（8）编制销售发货计划

销售总监需要对销售专员制订的销售发货计划进行认真审核。

①根据当期的库存报表、生产车间产能报表，审核销售发货计划。

②确定各个订单的准确性。

③交销售专员保管。

（9）会务费报销

销售总监审核销售专员参加商品交易会的支出凭单，确认是否在预算项目及金额内，并签字。

（10）营销策划方案跟进

在整个工作过程中，销售总监需要跟进营销策划方案工作的进度，监督营销具体工作的有效执行,以提高销售部门工作的效率和效果。

3)工作日志

岗位工作日志用于记录工作内容、落实工作过程中遇到的问题、解决及优化建议。

3.6.5 市场专员

1)工作职责

市场专员是在销售总监的领导下,承担公司产品市场调查、市场分析与预测、市场开发、产品开发、产品促销等工作。其主要职责如下:

①负责公司业务相关市场信息的收集与分析,为公司决策及业务拓展提供支持。

②根据市场调研与分析结果,进行市场开发。

③根据市场调研与分析结果,制订公司产品开发计划。

④负责公司广告方案的策划与实施,负责编制公司广告预算。

⑤负责公司其他促销活动方案的策划与实施,负责编制公司促销活动的预算。

⑥部门经理安排的其他工作。

2)工作任务

(1)广告投放申请

广告一般分为产品广告和品牌广告两部分。产品广告是针对某种具体产品的营销策划和宣传,品牌广告是对企业整体品牌的塑造和转播。为了让客户了解企业、了解企业的产品和服务,企业会投入大量的资金用于企业整体品牌和产品的宣传,以争取尽可能多的客户订单。为此,需要策划广告、公共关系、产品推介会等一系列营销活动。在综合实训中,合理投放广告费可以帮助企业赢得订单。

在参加商品交易会之前,市场专员需要根据市场预测和行业广告占销售比,填写广告投放申请表,并报送销售总监和 CEO 审批。

①市场专员填写广告投放申请表。

②拿广告投放申请表找销售总监审核。

③销售总监审核后,拿广告投放申请表找 CEO 审核。

(2)签订广告合同

广告预算申请获得批准后,在正式签订广告合同之前,市场专员需要和广告公司进行沟通,以确定广告合同具体条款。广告公司一般会提供广告合同的初始文本,然后双方在此基础上进行协商。尽管如此,市场专员仍然需要在签订合同之初就对广告合同的内容、格式等进行了解。

①拟订广告合同。市场专员与广告公司协定合同细节;市场专员与广告公司共同拟订广告合同。

②合同会签。市场专员填写合同会签单;拿合同会签单、广告合同及广告投放申请表送交销售总监审核;拿合同会签单、广告合同及广告投放申请表送交 CEO 审核;拿合同会签单、广告合同送交行政经理处盖章。

③签订广告合同。合同通过审核以后,由市场专员和广告公司签订广告合同,由广告公司开具广告费发票,由财务处支付广告费。市场专员把盖章后的两份广告合同送给广告公司,请广告公司负责人审核并签字盖章,确定对方盖公司合同专用章、法人章和骑缝章;广告合同一式两份,一份由广告公司留存,一份带回企业送行政经理处归档;向广告公司索取广告费发票;核对广告费发票是否与广告合同内容相符。

(3)广告费财务报销

广告公司开具广告合同发票后,市场专员根据广告合同发票填写支出凭单,支出凭单经销售总监、财务部、CEO 审核之后,交出纳办理转账支票,再将出纳填写准确的转账支票交给广告公司。

①根据广告合同发票填写支出凭单。

②将广告费发票粘贴在支出凭单后面。

③拿支出凭单找销售总监审核。

④拿支出凭单找总账会计审核。

⑤拿支出凭单找财务总监审核。

⑥拿支出凭单找 CEO 审核。

⑦交出纳办理转账支票,市场专员在支票登记簿上签字。

⑧将出纳填写准确的转账支票交给广告公司。

(4)编制营销策划方案

市场分析的主要目的是研究商品的潜在销售量,开拓潜在市场,安排好商品在地区之间的合理分配,以及确定企业经营商品的地区市场占有率。通过市场分析,可以更好地认识市场的商品供应和需求的比例关系,采取正确的经营战略,满足市场需要,提高企业经营活动的经济效益。

①竞争对手分析。收集竞争对手信息,从产品情况、营销策略、技术信息等方面进行重点分析,以一家企业为主要目标进行分析;形成行业信息分析报告,报告层次要明晰,重点突

出;提交行业信息分析报告,交销售总监。

②企业自身分析(SWOT 分析)。进行优势分析;进行劣势分析;进行机会分析;进行威胁分析;形成 SWOT 分析报告,交销售总监。

③市场需求分析。根据给定的资料分析企业目标市场整体需求情况;分析不同时间目标市场需求情况;分析不同产品价格走势。

④销售预测。根据市场需求进行产品销售数量预测;根据市场需求进行产品销售收入预测。

(5)争先创新评比——营销策划方案总结

在实训要求的时间内,各虚拟公司的销售部都要完成营销策划方案,并且需要将营销策划方案结果进行总结汇报,市场专员具体任务要求如下:

①协助销售总监将营销策划方案提炼成10分钟发言稿。

②将发言稿制作成 PPT。

③评比过程中给其他公司的方案打分。

3)工作日志

岗位工作日志用于记录工作内容、落实工作过程中遇到的问题、解决及优化建议。

3.6.6　销售专员

1)工作职责

销售专员是在销售总监的领导下,负责完成公司下达的销售指标,负责指定区域内公司产品的客户推广和销售管理工作。其主要职责如下:

①负责搜集与寻找潜在客户,开发新客户,拓展与老客户的业务,建立和维护客户档案。

②负责制订销售工作计划,并按计划拜访客户。

③负责与客户进行产品销售沟通和商务谈判。

④负责销售合同的签订工作。

⑤负责销售合同的履行与管理等相关工作,包括及时组织货源、发货与货款回收等。

⑥负责公司客户关系维护工作。

⑦负责公司产品临时项目投标工作。

⑧部门经理安排的其他工作。

2)工作任务

(1)申请参加商品交易会

实际工作中,参加商品交易会是非常重要的一种营销手段,销售专员要广泛搜集商品交易信息,以便最大限度地接触客户,向客户推介产品,签订商品交易合同。

①填写参会回执。销售专员接到会展中举办商品交易会的通知;确认商品交易会通知正式与否(通知上要有会展中心盖章);确认销售总监和销售专员参会;销售专员填写参会回执单,并将回执单交会展中心以备安排会务事项。

②借商品交易会会务费。去财务部找出纳领取借款单,借参加商品交易会会务费;填写借款单;将借款单与参会回执单提交销售总监,请其审核签字;将借款单与参会回执单提交财务总监,请其审核签字;所有领导审核并签字后,交出纳填写转账支票。

(2)参加商品交易会

①取得参会资格。销售专员和销售总监携带会务费转账支票去会展中心;取得会展中心开具的会务费发票;确认发票的项目、金额和对方公章;取得参会资格证。

②选择合适的订单。在商品交易会上,销售专员根据库存报表及车间产能报表,选择合适订单;选择销售订单。

③拟订销售合同。销售专员根据销售订单拟订销售合同一式两份;填写合同会签单;拿销售合同、合同会签单报销售总监、财务总监、CEO 审批;拿审批后合同会签单以及销售合同到行政经理处盖章。

④签订销售合同。盖章后的两份合同送给客户,请对方审核、签字盖章;确定对方盖公司合同专用章、法人章和骑缝章;销售合同一式两份,一份客户留存,另一份带回企业,待登记完销售订单明细表,送行政经理处归档。

⑤登记销售订单明细。根据销售订单卡及销售合同登记销售订单明细表;把销售订单明细表及合同交给销售总监汇总销售订单。

(3)会务费报销

销售专员参加商品交易会取得对方给予的发票后,需要办理会务费报销手续。

①销售专员填写支出凭单,将原始凭证作为附件粘在支出凭单后面,请销售总监审核。

②将销售总监审核后的支出凭单和发票送交财务部,办理报销手续。

(4)编制销售发货计划

①编写销售发货计划。到仓储主管处获得库存报表;到生产部获得当期的生产车间产能报表;编写销售发货计划,一式两份;将库存报表、生产车间产能报表和销售发货计划提交销售总监审核。

②交至仓储主管。销售发货计划自留一份,另一份交仓储主管保留。

（5）销售发货

①填制发货单。根据销售订单明细表和发货计划填制发货单；报销售总监和财务总监审核。

②登记销售发货明细表。根据发货单进行销售发运；登记销售发货明细表。

（6）货款回收

①确认到期应收款。根据销售订单明细表，确认到期应收款；汇总到期应收款的总额和企业，准备催收货款。

②催收货款。到客户企业，与客户沟通，催收到期应收款；确认客户付款后，通知出纳去银行取进账单；更新销售发货明细表。

（7）争先创新评比——营销策划方案总结

在实训要求的时间内，各虚拟公司的销售都要完成营销策划方案，并且需要将营销策划方案结果进行总结汇报，销售专员具体任务要求如下：

①确认评比会开展时间、地点，确认参会人员。

②发布营销策划方案总结评比会议通知。

③准备评比会需要资料，如打分表等。

3）工作日志

岗位工作日志用于记录工作内容、落实工作过程中遇到的问题、解决及优化建议。

【知识拓展】

三峰家电 O2O 推广案例分享

据《2016 中国家电网购分析报告》显示：2016 年家电网购市场规模（含移动端）达到 3 846 亿元，纯家电网购规模 1 796 亿元，增幅达 35.3%，占有率达到 20%，2016 年"双 11"家电（不含 3C）销售额 361.2 亿元，京东、天猫、苏宁易购三巨头占据了绝大部分市场，家电网购市场渠道格局稳定。传统家电经营渠道目前销售急剧下滑，很多的传统家电经营者逃避了市场竞争,缩减、转让、关闭门店经营,正是家电市场线上线下"冰火两重天"的真实写照。

在这种市场环境下,更多传统家电零售企业都在积极进行升级转型。三峰家电是台州市仙居县内的家电经销商,仙居县含乡村在内,人口共计40余万,企业在转型过程中,通过在营销活动中应用各种O2O工具,实现了降低营销成本、扩大活动影响力及提高效率的良好效果。

案例一:电子DM单页代替纸质DM单页

仙居电器在2017年"3·15活动"中使用了财小神O2O平台的【电子DM单页】功能,通过员工朋友圈转发宣传3天,被近3万次的消费者浏览,起到很好的宣传效果,比同期"3·15活动"销售额增长20%,同时费用仅为100元,用于购置奖品,奖励执行最好的前3名员工,再无其他宣传费用。此次活动实现了所有员工无一人外出发放单页,且通过平台进行朋友圈转发的统计考核,节省了人工统计和监督,减少了人力成本的投入。

可以说,此次电子DM单页,实现了线上与线下的有效结合,加大宣传速度和广度,提升了销售,节约了营销费用,降低了员工劳动强度。电子DM单页代替传统纸质DM单页,仅印刷费用这一项每年就替企业省去大笔的费用,再结合会员系统与经纪人系统共同使用,还会有更大的价值。现在,电子DM单页已经成为三峰家电重要的营销宣传工具之一。

案例二:砍价与电子DM单页结合应用

2017年"520活动"中,三峰家电又使用财小神O2O平台【中央营销库】中的【砍价】功能,砍价的商品是美的落地式风扇,砍后价为49元,每销售一台美的风扇,消费者需要邀请60~80名好友帮其砍价,实际帮砍价的过程就是宣传推广的过程。

本次砍价活动共销售500台美的风扇,费用共计3万元,此费用只是三峰家电把原使用在传统宣传工具中社区、街道条幅费用和视频宣传车的费用,转移到砍价活动中使用。而活动的销售额比同期增长15%,定价49元的电风扇销售500台,带动其他常规型号的风扇销售1 000台。砍价活动推广5天共有4万人次参与,费用率同比下降10%,并成功打击了竞争对手,抢占了市场份额,赢得消费者口碑的同时,又实现了快速传播效果。

消费者参与员工转发的带有砍价链接的电子DM单页,形成的销售(包含线上和线下)统计到员工的名下,企业进行了奖励。这种方式改变了员工对认筹活动的理解,大幅降低员工的劳动强度,并超过了原有线下卖票认筹的效果。

通过以上两个案例可以看出,作为传统零售实体店代表的仙居三峰家电,通过拥抱互联网,运用互联网思维,结合线下的实际销售情况,使用了创新的O2O营销工具,摒弃传统宣传工具和营销模式,提升营销推广的效率,降低了劳动强度。因此,好的O2O营销工具应用,是让传统企业不用"烧钱"的方式,去拥抱互联网,推广新零售。目前,仙居三峰家电的会员体系(CRM系统)已经搭建,正在结合O2O平台有序地推广中,即将建立以会员系统为核心、以智能零售为系统的新零售运营体系,将会成为传统家电运营的又一重大转折点。

任务 7　财务部岗位

3.7.1　工作职能

财务部是企业的重要管理部门,主要负责核算和监控企业经营情况、税务管理、资金筹措和运用、向利益关系人报送财务报告和经营管理报告等。其主要职能如下:

1)会计核算与报表职能

会计核算与报表职能包括会计核算,即依据会计准则归集、处理各类会计信息;报表编制及分析,即及时编制和提交财务报表,按时编制企业对外报送的财务报告;资产管理,保证企业资源的有效利用;成本核算与监控。

2)会计监督职能

会计监督职能主要包括制定企业的会计制度,编制财务计划或预算,对部门资金的使用情况进行绩效考核等。

3)参与管理职能

参与管理职能主要包括建立内部控制制度,编制内部管理用报表,进行资金管理,实施财务资金运作,促使企业形成和保持健康的经营状态。

财务部门的这 3 个职能各不相同,但都基于企业最基本的会计数据。通过对会计数据的分析,了解企业目前的资源情况,随市场变化做出积极的调整,实施企业价值和股东价值最大化。

3.7.2　岗位设置

财务部主要岗位及工作内容如表3-6所示。

表 3-6　财务部主要岗位及工作内容

岗　位	主要工作
财务总监	负责主持、组织并督促部门人员全面完成财务部的各项核算、监督、内控等财务核算管理工作;负责组织公司财务管理制度、会计成本核算规程、成本管理会计监督及有关财务专项管理制度的拟订、修改、补充和实施等
总账会计	按国家统一会计制度规定设置账簿进行会计核算,审核入账的发票是否真实无误,正确编制记账凭证,登记、结账、编制经营成果及财务状况等报表;进行纳税筹划,按期计算缴纳各种税款等
成本会计	做好产品成本的计算及分析工作

续表

岗　位	主要工作
出纳	根据《中华人民共和国现金管理暂行条例》的规定,办理现金收支业务及银行结算业务;根据已审核的收、付款凭证,逐笔序时登记现金和银行存款日记账;检查备用金使用情况;保管库存现金、有价证券、空白银行结算凭证及发票收据等;保证所管印章的安全和完整

3.7.3　财务核算要求

1)企业材料费用核算的规定

①原材料、周转材料均按实际成本核算,财务部按品种设置数量金额式明细账。

②材料库对原材料及周转材料按类别设置实物明细账。

③收入原材料和周转材料必须办理入库手续,填制原材料或周转材料入库单,仓库和财务部逐笔进行登记。

④发出原材料和周转材料必须办理出库手续,填制领料单,月内不结转发出材料成本。

⑤月末,根据领料单按加权平均法编制"材料发出汇总表",结算发出材料的实际成本,登记材料明细账。

⑥周转材料摊销方法采用一次摊销法。

⑦定期对存货进行清查,根据财产清查结果编制"盘盈盘亏报告单",按规定的程序和方法进行账务处理。

2)企业人工费用核算的规定

①工资费用按职工所在部门及岗位分别计入产品成本和期间费用。

②工会经费、职工教育经费、养老保险、失业保险、医疗保险、工伤保险、生育保险、住房公积金计入产品成本和期间费用。

③生产工人的工资、奖金等按生产工人的工时比例在各种产品之间进行分配。

④"五险一金"和工会、职工教育经费的计提:

a.工会经费按工资总额的2%计提。

b.职工教育经费按工资总额的2.5%计提。

c.养老保险按工资总额的29%计提,其中企业负担21%,个人负担8%。

d.失业保险按工资总额的3%计提,其中企业负担2%,个人负担1%。

e.医疗保险按工资总额的11%计提,其中企业负担9%,个人负担2%。

f.工伤保险按工资总额的0.5%计提。

g.生育保险按工资总额的0.8%计提。

h.住房公积金按工资总额的20%计提,其中企业负担10%,个人负担10%。

3）企业资产减值准备计提的规定

①坏账准备的提取比例和方法：年末按应收账款余额的 0.5% 计提坏账准备。

②存货跌价准备的核算方法：在存货存在减值迹象时，对存货进行减值测试并按单项存货计提。

③长期资产减值准备的核算方法：在长期资产存在减值迹象时，进行减值测试并计提减值准备。

该企业在 2017 年之前除了对应收账款计提坏账准备以外，未对任何资产计提减值准备。

4）企业固定资产和无形资产的核算

①固定资产按其经济用途分为生产经营用固定资产和非生产经营用固定资产两大类。

②固定资产的标准：以单位价值和使用寿命作为分类标准，2 000 元以上且使用寿命超过 1 年的实物资产为固定资产。

③固定资产折旧政策和折旧方法：根据税法规定采用分类折旧率对固定资产计提折旧，其中房屋建筑物按不低于 20 年期限折旧，月折旧率为 0.4%；机器设备按不低于 10 年期限折旧，月折旧率为 0.8%；其他固定资产按不低于 5 年期限折旧，月折旧率为 1.6%。

④固定资产修理费用的处理：各车间、部门自行发生的日常修理费用，计入期间费用；机修车间发生的修理费用，由受益对象承担。

⑤固定资产折旧和无形资产摊销均符合税法规定并已报主管税务机关备案批准。

5）企业制造费用和辅助生产成本的核算方法

①制造费用的核算方法：各基本生产车间分别归集本车间发生的间接费用，然后再按生产工人工时比例在各受益产品之间进行分配。

②辅助生产成本的核算方法：辅助生产车间发生的各种费用直接计入辅助生产成本，然后再按各受益车间、部门实际耗用的修理工时比例进行分配。

6）企业产品成本的计算方法

该公司产品成本核算采用逐步结转分步法，完工产品与期末在产品之间生产费用的分配采用约当产量法，各车间的原材料均一次性投入，月末在产品的完工程度按 50% 计算。

7）企业产成品发生的核算及销售成本的计算方法

①产成品发出平时不结转成本，月末按加权平均法计算确定发出产成品成本。

②销售成本指已销产品按加权平均法计算的生产成本。

8）企业涉及的税金种类和税率标准

①该企业为增值税一般纳税人，适用税率 17%。

②城市维护建设税按本月交纳增值税的 7% 计提。

③教育费附加按本月交纳增值税的 3% 计提。

④地方教育费附加按本月交纳增值税的 2% 计提。

⑤企业所得税按应纳税所得额的 25% 计提。

⑥个人所得税根据职工个人薪金所得,按七级超额累进税率代扣代缴。

⑦印花税在支付时计入当期管理费用。

9)企业所得税的核算方法

①所得税的核算方法采用资产负债表债务法。

②企业所得税按年计算,分季度预缴,年终汇算清缴。

10)企业利润分配政策

采用剩余利润政策,即在提取法定盈余公积之后,根据企业目标资本结构,测算出下一年度投资所需的权益资金,先从盈余中留用,然后将剩余的盈余作为利润给予分配。

11)企业会计核算形式

①企业采用科目汇总表会计核算形式,每 10 天汇总一次,并相应登记总账;日记账和明细账根据记账凭证逐笔登记。

②记账凭证采用通用记账凭证,按月顺序编号。

③各种费用分配率保留 5 位小数。

3.7.4　财务总监

1)工作职责

财务总监是财务部负责人,在 CEO 或主管副总经理的领导下,负责财务部职责范围内所有工作。其具体职责如下:

①根据公司发展战略,协助公司领导组织制定财务部的战略规划,制定部门工作目标和计划并分解到个人。

②负责公司的全面财务会计工作。

③负责制定并完成公司的财务会计制度、规定与办法。

④解释、解答与公司的财务会计有关的法规和制度。

⑤分析检查公司财务收支和预算的执行情况。

⑥审核公司的原始单据和办理日常的会计业务;编制财务报表、登记总账及财务数据审定。

⑦日常会计凭证审核,包括财务会计的凭证审核和成本会计凭证审核;部门预算制定。

⑧负责定期财务清查;负责公司预算制定与监控,包括预算体系建设、日常预算控制、预算支出审核。

⑨资金管理、筹融资管理,资金使用计划等;组织期末结算与决算,进行经营分析。

⑩保证按时纳税,负责按照国家税法和其他规定严格审查应交税费,督促有关岗位人员及时办理手续;管理与维护更新部门所需的信息。

2)工作任务

(1)期初建账

进入财务总监岗位,首先,需要检查实训用品,包括总账、期初数据资料、报表及相关办公用品等;然后,根据已经具备的实训装备,开设总账账簿。

①取得期初科目余额表。

②建账及初始余额登记:认识总账;总账的启用;开设账户;期初余额的登记。

(2)审核借款单

①审核借款单。

②签字。

③审核记账凭证。

(3)审核税费的缴纳

在该业务中,财务总监要做的主要是对纳税申报表的审核、对纳税申报表盖章的审批和对缴纳税款后记账凭证的审核。

①审核纳税申报表。

②对公章、印鉴使用申请表的审批。

③记账凭证审核。

(4)薪酬发放

在该业务中,财务总监要做的主要是签批转账支票、审核记账凭证。

①签批支票。

②盖章。

③审核记账凭证。

(5)审批广告投放

在该业务中,财务总监要做的主要是审核广告投放申请表、审核支付凭证单、签发支票和审核记账凭证。

①审核广告投放申请表。

②审核支付凭证单。

③审核签发支票。

④审核记账凭证。

(6)审核商品交易会费用

在该业务中,财务总监要做的主要是审核借款单及参会回执和审核会务费记账凭证。

①审核会务费借款。

②办理。

③审核记账凭证。

(7)货款回收

在该业务中,财务总监要做的主要是审核货款回收的记账凭证。

①接收财务会计送来的记账凭证。

②审核记账凭证的附件是否齐全、正确。

③审核记账凭证的编制是否正确。

④审核完毕,签章,交出纳及会计记账。

(8)支付材料款

在该业务中,财务总监要做的主要是审核支付凭证,审核付款的记账凭证。

①审核支付凭证。

②审核付款的记账凭证。

(9)审核"五险一金"缴纳

在该业务中,财务总监要做的主要是审核缴纳"五险一金"的记账凭证。

①接收总账会计送来的记账凭证。

②审核记账凭证。

③审核无误,在记账凭证复核处签章,将记账凭证交给会计和出纳记账。

(10)材料入库

在该业务中,财务总监要做的主要是审核材料入库的记账凭证。

①接收总账会计交来的记账凭证,进行审核。

②审核后,交成本会计登记科目明细账。

(11)办公费报销

在该业务中,财务总监要做的主要是审核支出凭单和记账凭证。

①审核支出凭单。

②审核记账凭证。

(12)提现

在该业务中,财务总监要做的主要是签发现金支票和审核记账凭证。

①签发现金支票。

②审核记账凭证。

(13)销售发货

在该业务中,财务总监要做的主要是确定客户信用、审核发货单、审核记账凭证。

①确定客户信用。

②审核发货单。

③审核记账凭证。

(14)薪酬核算

在该业务中,财务总监要做的主要是审核职工薪酬统计表、部门汇总表的计算是否正确和薪酬分配审核。

①薪酬计算的审核。职工薪酬的组成;薪酬计算的审核。

②薪酬分配的审核。科目设置;企业发生应付职工薪酬的主要账务处理;审核记账凭证。

(15)会务费报销

在该业务中,财务总监要做的主要是审核报销会务费的记账凭证。此笔报销业务在以前有借款,因此,此处在核对准确借款的情况下进行借款冲回的处理,多退少补。

（16）计提折旧

在该业务中,财务总监要做的主要是审核计提折旧的记账凭证,涉及的表单主要有记账凭证、折旧计算表。

（17）资产盘点

企业每天都有大量资产的出入库行为,而期间的丢失、破损、报废等损耗更是无法准确掌握,就企业自身而言,盘点就是为了确切掌握某段时期内的库存数量以及损耗等信息,据此分析盈亏,改善管理,避免物料需求计划不准的问题。

①组织盘点工作。

②审批盘点报告。

③审核记账凭证。

（18）制造费用的分配

如果一个车间生产两种以上的产品,那么,按车间归集的制造费用要在各产品间进行分配。制造费用的分配方法,一般有按生产工人工资、按生产工人工时、按机器工时、按产品产量等标准分配。具体采用哪种分配方法,由企业自行决定。财务总监的任务主要是对制造费用分配记账凭证进行审核。

（19）结转领料成本

在该业务中,财务总监要做的主要是审核产品组装领料的记账凭证(重点审核成本科目运用是否正确)。

（20）产品成本计算

在该业务中,财务总监做的主要是审核完工入库的记账凭证。

（21）期末结转

在该业务中,财务总监要做的主要是审核期末结转的系列凭证,包括计提税金及附加、销售成本结转、损益结转等。若为年底,还包括本年利润结转和利润分配的核算与结转。

①审核税金及附加计提。

②审核销售成本结转。

③审核损益结转。

3）工作日志

岗位工作日志用于记录工作内容、落实工作过程中遇到的问题、解决及优化建议。

3.7.5 总账会计

1)工作职责

总账会计是在财务总监的领导下,承担除出纳和成本会计核算以外的会计业务的凭证编制和各种总账、明细账的登记;开具、保管增值税发票、普通发票及编制有关的纳税申报表;办理各种税款的核算、申报与缴纳。其具体职责如下:

①开具和保管增值税专用发票和普通发票。

②办理各种税款的核算、申报与缴纳。

③除货币资金、存款、生产成本、销售成本外的其他科目的核算。

④负责除出纳和成本会计核算以外的其他业务记账凭证的编制。

⑤除货币资金、存款、生产成本、销售成本外的其他科目的账簿的登记。

⑥期末损益结转。

⑦结账,编制经营成果及财务状况等报表。

⑧保管好各种凭证、账簿、报表及有关纳税计算资料,防止丢失或损坏,按月装订并定期归档。

2)工作任务

(1)期初建账

进入总账会计岗位,首先,需要检查实训装备,包括科目余额表、期初文档及相关办公用品等;然后,根据已经具备的实训装备,开设负责的各个明细账账簿。

①取得期初科目余额表。

②建账及期初余额录入。

(2)各部门借款

根据审核后的借款单等编制记账凭证:

①根据出纳转过来的部门借款单等单据,编制记账凭证。

②将记账凭证送交财务总监审核。

(3)税费计算

企业根据税法规定应缴纳的各种税费包括增值税、消费税、城市维护建设税、资源税、企业所得税、土地增值税、房产税、车船使用税、土地使用税、教育费附加、矿产资源补偿费、印花税、耕地占用税等。

模拟企业中的税费主要包括企业所得税、增值税、个人所得税、城市维护建设税、教育费附加。按照季度,本季度初缴纳上季度税金。

缴纳税费任务主要包括:在已有会计信息基础上,确定税费金额;填写申报资料;送审申报资料;记录税费申报业务。

企业所得税按照上季利润总额的25%缴纳;个人所得税按照国家标准的累进税率进行

计算及缴纳;增值税的计算,按照会计科目"应交税费=增值税-销项税"期末贷方余额,减去会计科目"应交税费=增值税-进项税"期末借方余额,得出的差额,确认当季需要上缴的增值税。城市维护建设税按照当季上缴增值税金额的7%计算,教育费附加按照当季上缴增值税的3%计算确认。

①计算税费金额并编制纳税申报表。根据资产负债表、利润表及科目余额表计算税费,确认各种税费的金额;根据资产负债表、利润表及科目余额表和计算的各种税费金额编制各个纳税申报表。

②将财务报表及各纳税申报表送财务总监和CEO审核。

(4)纳税申报

①纳税申报表盖章申请。去行政经理处领取公章、印鉴使用申请表;填写公章、印鉴使用申请表;带公章、印鉴使用申请表,所得税纳税申报表,增值税纳税申报表,个人所得税纳税申报表送财务总监审核;带公章、印鉴使用申请表,所得税纳税申报表,增值税纳税申报表,个人所得税纳税申报表送CEO审核;带审核并签字完毕的记账凭证附件公章、印鉴使用申请表,所得税纳税申报表,增值税纳税申报表,个人所得税纳税申报表、职工薪酬统计表去行政经理处盖章。

②去税务局纳税申报。去税务局进行纳税申报,向税务人员提交企业所得税纳税申报表、增值税纳税申报表、个人所得税纳税申报表、资产负债表、利润表和职工薪酬统计表;领取税务申报完成后税务人员签字盖章的企业所得税纳税申报表、增值税纳税申报表、个人所得税纳税申报表、税收缴款书;回公司后,将企业所得税纳税申报表、增值税纳税申报表、个人所得税纳税申报表归档保存;将税收缴款书送交出纳。

③编制凭证。接收出纳送来的税收缴款书;根据出纳交来的税收缴款书编制记账凭证,并将税收缴款书作为附件粘贴在记账凭证后面;将记账凭证送交财务总监审核。

④登记应交税费明细账。根据财务总监审核无误的记账凭证,登记应交税费明细账。

(5)薪酬发放

①根据职工薪酬统计表等编制记账凭证。根据出纳转过来的转账支票存根及职工薪酬统计表,编制记账凭证;将记账凭证送交财务总监审核。

②登记明细账。根据财务总监审核无误的记账凭证,登记应付职工薪酬明细账。

(6)"五险一金"缴纳与核算

①根据"五险一金"付款通知编制记账凭证。根据出纳转过来的社会保险费收款凭证(付款通知)及住房公积金收款凭证(付款通知),编制记账凭证,将记账凭证送交财务总监审核。

②登记明细账。根据财务总监审核无误的记账凭证,登记应付职工薪酬明细账。

(7)薪酬核算

①根据职工薪酬统计表等编制记账凭证。根据人力资源部提交过来的分部门的职工薪酬统计表编制记账凭证,将记账凭证送交财务总监审核。

②登记明细账。根据经财务总监审核无误的记账凭证,登记应付职工薪酬、管理费用、销售费用等明细账。

（8）日常费用报销

日常费用主要包括差旅费、电话费、交通费、办公费、低值易耗品及备品备件、业务招待费、会务费、培训费、资料费等。

费用报销的一般流程：报销人整理报销单据并填写对应费用报销单→部门经理审核签字→财务部门复核→CEO审批→到出纳处报销。

①对支出凭单进行审核并根据发票等编制记账凭证。对业务人员提供的支出凭单进行业务审核，确认无误后签字；根据出纳员提供的支出凭单、发票、支票存根等编制记账凭证；将记账凭证送交财务总监审核。

②登记明细账。根据经财务总监审核无误的记账凭证，登记管理费用或者销售费用等明细账。

（9）支付专项款

本公司专项款的范围包括材料款、广告费、固定资产购置款等。

①对支出凭单进行审核并根据其编制记账凭证。对业务办理人员提供的支出凭单进行业务审核，确认无误后签字；根据出纳员提供的支出凭证、发票和转账支票存根等编制记账凭证；将记账凭证送交财务总监审核。

②登记明细账。根据经财务总监审核无误的记账凭证，登记销售费用等明细账。

（10）货款回收

①根据银行进账单编制记账凭证。根据出纳转交过来的银行进账单编制记账凭证，将记账凭证送交财务总监审核。

②登记明细账。根据财务总监审核无误后的记账凭证，登记科目明细账，将记账凭证转交出纳登记银行存款日记账。

（11）提现

①根据现金支票存根编制记账凭证。根据出纳转交过来的现金支票存根编制记账凭证，将记账凭证送交财务总监审核。

②出纳登记现金和银行存款日记账。财务总监审核无误后，由出纳登记现金和银行存款日记账，此笔业务总账会计不登记明细账。

（12）销售发货

①开具销售发票。从销售专员处获取卖给该客户的销售价格；根据仓储部提交的销售出库单，结合销售价格，开具销售发票。

②编制记账凭证并登记明细账。根据出库单和销售发票编制记账凭证，将记账凭证送交财务总监审核；根据财务总监审核后的记账凭证登记主营业务收入、应收账款、应交税费明细账。

（13）计提折旧

①编制折旧登记表。根据固定资产政策及固定资产折旧计算表计提折旧，编制固定资产折旧计算表。

②根据折旧计算表编制记账凭证，将记账凭证送交财务总监审核。

③登记明细账。根据财务总监审核无误后的记账凭证，登记管理费用、累计折旧等明细账。

（14）登记总账

总账的登记依据和方法主要取决于所采用的会计核算形式。它可以直接根据各种记账凭证逐笔登记,也可以先把记账凭证按照一定方式进行汇总,编制成科目汇总表或汇总记账凭证,然后据以登记。实训企业采用科目汇总表方式。

科目汇总表的编制是科目汇总表核算程序的一项重要工作,它是根据一定时期内全部记账凭证,按科目作为归类编制进行编制的。

①填写会计科目。

②汇总发生额。

③试算平衡。

④登记总账。

（15）期末结账

①计提税金及附加并编制凭证。对所有流转税进行汇总;将应交税费——应交增值税、应交税费——应交消费税明细账进行结账;结出应交流转税余额,以其为依据计提城市维护建设税和教育费附加。

②将损益类科目转入本年利润科目。对所有损益类科目进行汇总;将汇总后的损益类科目转入本年利润科目,结转后的损益类科目余额为零;将以上记账凭证送交财务总监审核。

③登记明细账并进行月末结账。结账是指在把一定时期内发生的全部经济业务登记入账的基础上,计算并记录本期发生额和期末余额。

根据经财务总监审核无误的记账凭证,登记所有损益类科目和本年利润明细账;月末对账无误后,进行上述各科目结账。

（16）编制报表

①编制利润表。

②编制资产负债表。

3）工作日志

岗位工作日志用于记录工作内容、落实工作过程中遇到的问题、解决及优化建议。

3.7.6　成本会计

1) 工作职责

成本会计是在财务总监的领导下,承担材料及产品成本核算,主要包括存货入库和领用记账、销售记账、存货成本计价、产品成本核算、成本分析等。其具体职责如下:

①材料采购入库登记。

②材料领用登记及计价。

③产品出入库登记。

④费用归集与分摊。

⑤产成品成本计算。

⑥销售成本结转。

⑦成本分析及控制。

⑧负责生产成本的核算,认真进行成本、开支的事前审核。

⑨认真核对各项原料、物料、成品、在制品收付事项。

⑩保管好各种凭证、账簿、报表及有关成本计算资料,防止丢失或损坏,按月装订并定期归档;参与存货的清查盘点工作、企业在财产清查中盘盈、盘亏的资产,要分别情况进行不同的处理。

2) 工作任务

(1) 期初建账

①取得期初科目余额表。

②建账及初始余额登记。

(2) 材料款支付

在该业务中,成本会计要做的主要是审核支出凭单、编制记账凭证和登记往来明细账。

(3) 采购入库

在该业务中,成本会计要做的主要是编制材料入库的记账凭证和登记材料明细账。

(4) 产品完工入库

在该任务中,成本会计要做的主要根据入库单登记库存商品明细账的数量(成本月末统一计算)。

(5) 产品生产领料

在该任务中,成本会计要做的主要是根据材料出库单登记原材料明细账的数量(成本月末统一计算)。

(6) 薪酬核算

在该任务中,成本会计要做的主要是根据记账凭证登记生产成本明细账。

(7) 计提折旧

在该任务中,成本会计要做的主要是根据折旧计提的凭证登记制造费用明细账。

（8）资产盘点

企业每天都有大量资产的出入库行为，而期间的丢失、破损、报废等损耗更是无法准确掌握。就企业自身而言，盘点就是为了确切掌握某段时期内的库存数量以及损耗等信息，据此分析盈亏、改善管理，避免物料需求计划不准的问题。

盘点方式有多种，而且不同的盘点方式可以组合运用，企业可以根据自身的情况加以选择。常见的盘点方式有定期盘点（年终盘点、年中盘点、季度盘点、月度盘点）和不定期盘点（如为特定目的对特定物料进行临时盘点）。

在该任务中，成本会计要做的主要是参与盘点工作、编制盘点记账凭证、登记相关资产明细账。

（9）制造费用分配

制造费用包括产品生产成本中除直接材料和直接工资以外的其余一切生产成本，主要包括企业各个生产单位（车间、分厂）为组织和管理生产所发生的一切费用。制造费用一般间接计入成本，当制造费用发生时一般无法直接判定它所归属的成本计算对象，因而不能直接计入所生产的产品成本中去，而须按费用发生的地点先行归集，月终时再采用一定的方法在各成本计算对象间进行分配，计入各成本计算对象的成本中。

成本会计的任务主要是对制造费用进行分配和结转，计入各产品的生产成本并编制记账凭证，登记明细账。

（10）销售发货

在该任务中，成本会计要做的主要是根据销售出库单登记库存商品明细账的数量部分（成本月末统一核算）。

（11）结转产品领料成本

在该任务中，成本会计要做的主要是计算产品领用材料的成本、编制领料的记账凭证、登记生产成本明细账。

（12）产品成本计算

在该任务中，成本会计要做的主要是计算完工产品的成本、编制完工入库的记账凭证、登记库存商品明细账和生产成本明细账。

（13）计算商品销售成本

在该任务中，成本会计要做的主要是计算已售商品的销售成本、编制销售成本结转的记账凭证和登记库存商品明细账。

（14）结账

结账是指在把一定时期内发生的全部经济业务登记入账的基础上，计算并记录本期发生额和期末余额。

3）工作日志

岗位工作日志用于记录工作内容、落实工作过程中遇到的问题、解决及优化建议。

3.7.7 出纳

1）工作职责

出纳是在财务总监的领导下，承担现金收付、银行结算、其他货币资金的收付业务以及登记现金日记账和银行存款日记账。其具体职责如下：

①负责现金收入和支出管理，检查和清点每日收到和支出现金的余额，做到日清月结。

②负责签收和整理各种支票、汇款等，编制进账单，及时送存银行。

③保管库存现金、有价证券。

④管理"现金收讫""现金付讫"印章。

⑤签发并保管支票等重要空白凭证。

⑥登记现金日记账和银行存款日记账。

⑦及时将原始单据传递给财务部会计或成本会计编制记账凭证，配合同事的工作。

⑧严格执行现金清点盘点制度，每日核对库存现金，做到账款相符，确保现金的安全。

⑨保管好收支结算报表，防止丢失或损坏，按月装订并定期归档。

⑩完成上级交给的其他日常事务性工作。

2）工作任务

（1）期初建账

进入出纳岗位，首先需要检查实训装备，包括现金日记账、银行存款日记账、期初文档及相关办公用品等；然后根据已经具备的实训装备，开设日记账账簿。

①取得期初科目余额表。

②建账及期初余额录入。

（2）各部门借款

①办理部门借款手续。根据签字手续齐全的借款单确定看是支付现金还是开具转账支

票;支付现金 600 元给借款人,并在借款单上盖"现金付讫"印章(如销售部借备用金 600元);开具转账支票 3 000 元给借款人,并在借款单上盖"银行付讫"印章(如采购部申请参加商品交易会借会务费 3 000 元)。

②登记现金日记账或者银行存款日记账。将借款单等交给总账会计编制记账凭证;根据财务总监审核后的记账凭证登记现金日记账或银行存款日记账;登账后将记账凭证交总账会计登记科目明细账。

(3)提现

①签发现金支票。填写现金支票并找财务总监加盖预留银行印鉴;登记支票登记簿;将现金支票交给银行,银行审核后支付现金。

②登记现金日记账和银行存款日记账。将现金支票存根交总账会计填写记账凭证;根据财务总监审核后的记账凭证,登记现金日记账和银行存款日记账。

(4)纳税申报

①缴纳税款。持总账会计送来的税务局开具的税收缴款书去银行缴纳税款;领取银行划款完毕盖章后的税收缴款书;将税收缴款书、个人所得税完税证明送交总账会计。

②登记银行存款日记账。根据财务总监审核后的记账凭证登记银行存款日记账,将记账凭证交总账会计登记科目明细账。

(5)薪酬发放

①办理职工薪酬支付手续。接收人力资源部主管送来的职工薪酬发放表;核对财务总监、CEO 是否已审核职工薪酬发放表并签字;核对无误,在职工薪酬发放表上盖财务专用章;根据职工薪酬发放表的实发工资总额签发转账支票,然后找财务总监盖章;将支票存根剪裁下来留存,将盖章后的支票交给人力资源部主管,由他去银行代发工资;登记支票登记簿。

②登记银行存款日记账。将职工薪酬发放表和转账支票存根交总账会计填写记账凭证;根据财务总监审核后的记账凭证登记银行存款日记账,将记账凭证交总账会计登记科目明细账。

(6)"五险一金"缴纳与核算

①领取银行"五险一金"扣款回执。去银行领取社会保险、住房公积金委托扣款凭证——付款通知单;告知人力资源部主管本月社会保险、住房公积金扣款金额;将去银行领取的社会保险、住房公积金委托扣款凭证——付款通知单交给总账会计编制记账凭证。

②登记银行存款日记账。根据财务总监审核后的记账凭证,登记银行存款日记账;把审核后的记账凭证转给总账会计登记明细账。

(7)材料款支付

①签发转账支票(同城)或者办理电汇(异地)付款。根据财务总监审核的支付凭单办理支付手续;若是同城付款,签发转账支票,将财务总监盖章后的转账支票交采购专员,支票存根留下;登记支票登记簿;若是异地付款,出纳根据业务员提供的收款人全称、账号、汇入行等信息到银行办理电汇;将支出凭单及支票存根或者电汇付款回单交给总账会计编制记账凭证。

②登记银行存款日记账。根据财务总监审核后的记账凭证,登记银行存款日记账;把审

核后的记账凭证转给成本会计登记明细账。

（8）日常费用报销

①办理支付手续。根据财务总监审核的发票办理付款手续，支付现金时在支出凭单上加盖"现金付讫"章；把支出凭单和发票转给总账会计编制凭证。

②登记现金日记账。根据财务总监审核后的记账凭证登记现金日记账，将审核后的记账凭证转给总账会计登记明细账。

（9）支付专项款

本公司专项款的范围包括材料款、广告费、固定资产购置款等。

①办理专项款支付手续。根据财务总监和CEO审核的额度内的发票与支出凭单办理付款手续；签发转账支票；将转账支票交给销售总监，转账支票存根留下；登记支票登记簿。

②登记银行存款日记账。根据财务总监审核后的记账凭证登记银行存款日记账，把审核后的记账凭证转给总账会计登记明细账。

（10）货款回收

①编制银行进账单或去银行取回单。同城取得支票时，根据销售订单明细表收取转账支票；将转账支票存入银行，编制银行进账单；将银行进账单回单交总账会计编制会计凭证。

异地取得电汇时，确认销售专员提供的应收款数额；去银行取回该笔货款的电汇进账回单；将银行电汇进账回单交总账会计编制会计凭证。

②登记银行存款日记账。根据财务总监审核后的记账凭证登记银行存款日记账，登记完毕后，将记账凭证交总账会计登记明细账。

（11）现金盘点

①盘点库存现金。结出现金日记账的账面余额，盘点库存现金。

②填写现金盘点报告单。填写现金盘点报告单，将现金盘点报告单交总账会计填写记账凭证。

（12）期末结账

结账是指把在一定时期内发生的全部经济业务登记入账的基础上，计算并记录本期发生额和期末余额。

会计人员应按照规定，对现金、银行存款日记账按日结账，对其他账户按月、季、年结账。

①编制银行存款余额调节表。现金盘点后，填写现金盘点报告单；根据银行对账单和银行存款日记账编制银行存款余额调节表。

②现金和银行存款日记账结账。月末对账无误后，进行现金日记账结账；月末对账无误后，进行银行存款日记账结账。

3）工作日志

岗位工作日志用于记录工作内容、落实工作过程中遇到的问题、解决及优化建议。

【知识拓展】

CFO 要以结果为导向,坚持严谨全面的工作态度

CFO 如何能完美实现领导的目标?其实关键在于细节。有着多年财务总监经验的北京九尊能源技术股份有限公司原财务总监兼董事会秘书向姝洁是一个从结果出发考虑周全的人。她成功的关键就在于在做事的计划性和完整性上,有着全盘考虑的严谨和思路。

(1)从结果出发确保报备完善

向姝洁曾在一个中外合资的环保公司担任 CFO,当时公司与北京市朝阳区政府合作了一个垃圾焚烧发电的环保项:需要从日本进口一台价值数亿元的垃圾焚烧炉,然而设备引进需要在几年后,但公司一旦成立就需要向海关报备进口产品的相关清单资料,同时,海关要求几年后进口的设备要和当下报备的资料必须吻合。向姝洁喜欢从结果反思现在的工作行为,她要杜绝现在的工作影响未来的结果。当时,她把海关的科长,还有自己公司的技术负责人和法律人员等所有涉及进口设备的人员请到一起,让海关负责人来讲清单要做到什么程度将来可以保证进口产品顺利通过海关核查。等到几年后真正进口设备的时候,海关顺利通过了审查。因为海关需要留可研性报告的复印件,向姝洁意识到,打印几百页的可研报告其实很浪费,她就向海关建议:"你拿几百页的可研报告还要找仓库去存,而你们真正关心的是十多页的设备清单,这很浪费海关的储存空间,也浪费企业的纸张,对我来说也很浪费时间,而且也很不合理。最佳的合理做法就是我只复印海关需要的十几页设备清单提交。"而后海关果真采纳了向姝洁的做法。

(2)与银行打交道要明白对方需求

向姝洁担任 CFO 的外资公司还有很多兄弟公司,开户行都在一起,有很多业务需要向银行提交资料,让向姝洁引以为傲的是当时很多兄弟公司的财务负责人非常头疼向银行报备资料清单,但向姝洁知道银行为什么要这个资料,清单里的资料其实有时候可以用另外一份替代,如果财务人员很僵化,不了解业务就会和银行起冲突。"我和银行行长打交道比较多,会明白银行想要这个资料的真实需求和目的。"向姝洁会从几个角度考虑,并替对方着想,因为有时候银行的人不懂企业,企业的人如果不懂银行的管理需求,就会出现矛盾。向

妹洁告诉记者,其实企业不懂银行为什么要这些清单,银行做资料清单的人也不完全熟悉企业的业务,有时候银行清单就是拍脑子想出来的,但是具体执行清单审核的人没有权利更改清单名字,但是负责人有变通的权力。"我会告诉银行的负责人,你要的这个文件,在我们企业中有另外一份文件也起到同样的作用。然后就可以把银行需要的资料给齐。"不同于一般的财务人员,向妹洁这种知己知彼的周全思维帮助兄弟公司和银行打交道更加顺畅。

（3）与监管部门打交道要注意方法

向妹洁所在的公司于2013年进行了第一次股权融资,目的是将注册资本增加到1 000万元,这将会让公司的投标条件跃上一个新的台阶。向妹洁说:"尽管我已经根据相关法规做出了详细且自认为是合法合规的转增方案,但以我的经验,我还是安排助理去工商局问一下相关规定再起草会议文件,以免等到最后向工商局提交已经公告的会议决议时,才发现自己的理解与他们的要求不一致而造成无法处理的后果。"但是,助理去了工商局回来,将起草好的会议文件交给向妹洁审核的时候,她看见上面"每10股转增9股,共计转增465.633万元,转增后,公司总股本增加至983万股"的内容,向妹洁大吃一惊,因每股面值1元,这意味着转增后公司注册资本只增加到983万元。向妹洁问助理,怎么没有把480多万元资本公积全部转增完,还以为他算错了,按照向妹洁的想法,要将资本公积全部转增完,应该是"每10股转增9.328 527股。转增后,公司总股本增至1 000万股(即注册资本增至1 000万元)"。直觉加上对相关法律条文的理解,向妹洁认为工商局的要求是不合理的。于是她带着打印好的《公司法》里涉及资本公积的相关规定和自己做好的详细转增比例和向每位股东转增股数的表格,去了工商局。相关工作人员一口咬定只能每10股转增9股,并强调要转增"整数股"。向妹洁认为她对整数股的理解有误,对整数股的要求应该是转增后的股数是整数,而不是转增比例是整数倍。

"我们每10股转增9.328 527股并将算出来的股数取整后,每位股东派发的都是整数股。公司增发500万元的目的就是为了将注册资本变成1 000万元,才好去进行相关的投标业务。"向妹洁接着说:"我告诉工商局的负责人员相关的公司法和规定中并不是强调转增比例必须是整数。对方从一开始的坚持,到后来与各领导的沟通,明白我的要求是合理的。"

向妹洁总结说,要想与监管部门成功打交道,在找相关部门协商工作之前,自己要先做好功课,准备充分,包括对事情合理性的认定和依据。同时,要讲究工作方法,有理有据有节而非无理取闹,要学会换位思考,同时也要有百折不挠的精神。

项目4 企业外部岗位实训

任务1 工商局岗位

4.1.1 工作职能

工商局即工商行政管理局,是政府主管市场监管和行政执法的工作部门。工商局主要工作职能有:

①贯彻执行国家、省人民政府和上级工商行政管理机关有关工商行政管理工作的方针、政策、法律、法规和规章制度。

②组织管理工商企业和从事经营活动的单位、个人的登记注册,依法核定注册单位名称,审定、批准、颁发有关证照,对其登记注册事项及经营活动进行监督管理。

③依法组织监督管理市场竞争行为,查处垄断、不正当竞争、流通领域的走私、贩私行为,打击传销和变相传销等经济违法行为。

④依法组织监督市场交易行为,组织监督流通领域商品质量,组织查处假冒伪劣商品行为,受理消费者申诉,组织查处侵犯消费者权益案件,保护经营者、消费者合法权益。

⑤组织实施各类市场经营秩序的规范管理与监督;监督管理电子网络经营行为;查处商标侵权行为,保护注册商标专用权,监督管理商标的使用和印制;指导商标代理机构工作。

⑥组织管理广告审批发布与广告经营活动,指导广告审查机构的工作。

⑦组织实施合同行政监督,会同行业管理部门制定合同示范文本,指导办理合同鉴证,监督管理消费类合同格式条款,组织查处合同欺诈行为。

⑧监督管理经纪人、经纪机构以及有关中介服务机构;组织管理动产抵押物登记,组织管理拍卖行为。

⑨对企业名称,驰名和著名商品特有的名称、包装、装潢、商业秘密、商标等实施监督管理和综合保护。组织管理个体工商户、个人合伙、私营独资和私营企业的经营行为;指导所属事业单位和协会、学会、消费者权益保护委员会的工作。

⑩承办上级工商行政管理机关和所在市人民政府交办的其他事项。

4.1.2 岗位设置

地方工商管理局的机构设置一般有办公室、人事处、计划财务处、工商公平交易执法局、注册监督管理分局、外资企业注册监督管理处、市场监督管理处、商标分局、广告监督管理处、消费者权益保护处、信息及网络监督管理处、纪检监督处等。

实训中我们模拟的主要是工商管理局办事大厅的业务处理,所以在人员设置上从简,以能够完成围绕企业的相关业务操作为原则。工商局岗位设置如图 4-1 所示。

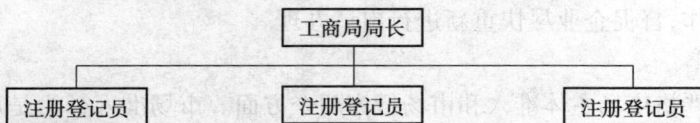

图 4-1 工商局岗位设置

4.1.3 工商局局长

1) 工作职责

工商局局长主要有以下工作职责:

①进行人员招聘,组建工商管理局,明确人员分工。

②带领全局员工宣传、贯彻、实施国家相关法规政策,有效发挥工商行政管理职能作用。

③建立健全各项规章制度,明确各岗位的工作职权,加强调配和使用人员,做好内部人事管理工作。

④检查监督企业注册登记、企业年检等前台工作,加强内部业务培训,促使各项工作有条不紊地进行。

⑤组织举办所辖区域企业年会等活动,督促建立行业协会,帮助搭建企业交流平台,开展企业间交流合作。

⑥监督检查企业的市场竞争行为,查处垄断和不正当竞争,营造良好企业竞争环境。

⑦负责工商管理局的日常管理工作,做好相关数据统计工作。

2) 工作任务

(1)团队组建

①拟订工商局招聘计划,撰写招聘广告,联系招聘场地、时间等相关事宜。

②根据招聘计划,进行员工招聘。

③按照岗位分工进行员工岗前培训工作。

(2)内部业务培训

在岗前培训结束后,员工们进入正式的业务办理中,在实际操作中会出现很多问题,需要局长及时地进行沟通协调,并且进行详细的内部业务培训。

（3）制度建立和相关法规宣传

①根据国家工商行政管理总局的要求，制定当地的工商行政管理法规和内部管理条例，并进行内部培训。

②和注册登记员一起，在不同时间面向不同的市场主体采取不同形式的法规宣传。

（4）检查和监督企业注册登记和年检工作的开展

企业注册登记和工商年检是工商局的业务重点，作为工商局局长应随时督察业务一线人员，认真检查企业上交的相关资料，严格遵守国家的相关法律法规，高效率地为企业服务好。如果在业务办理过程中出现问题，局长应及时进行业务指导，并协助注册登记员和企业做好沟通交流工作，督促企业尽快重新进行申请办理。

（5）市场监管

市场监管要严格市场主体准入和市场行为两个方面。市场准入行为是从审核登记开始的，在审核登记中，要支持重点行业的建立和发展，防止不合理的投资，禁止非法经营活动；在审核后，要加强回访和巡查。市场准入确立后进行跟踪监管，是市场行为的监管。

3）工作日志

岗位工作日志用于记录工作内容、落实工作过程中遇到的问题、解决及优化建议。

4.1.4　注册登记员

1）工作职责

工商注册登记员的主要职责有：

①在局长带领下宣传、贯彻、实施国家相关法规政策，有效发挥工商行政管理职能作用。

②遵守工商局规章管理制度，做到热情为市场主体服务，秉公执法、依法办事。

③负责企业的名称预先核准登记，企业及分支机构的设立、变更、注销的受理初审工作和台账登记。

④负责指导企业年检的网上填报,督办企业按时进行年检并进行疑难解答。

⑤监督检查企业的市场竞争行为,查处垄断和不正当竞争,营造良好企业竞争环境。

⑥完成局长交付的临时性、阶段性工作。

2）工作任务

（1）法规宣传

在工商局局长的带领下,认真学习国家工商行政管理总局的相关法律法规,加强学习研讨,提高自身的业务综合素质,利用自身岗位的窗口职能,树立国家服务部门良好形象,积极向企业宣传国家和当地工商行政管理机关的相关法律法规,真正把工商行政管理法规的宣传活动与监管执法、服务发展需求紧密结合起来,为依法执政、构建和谐的执法环境、提升工商部门良好形象起到积极的推动作用。

（2）企业名称预先核准

企业名称预先核准是企业在工商行政管理部门登记注册的第一步。名称预先核准的目的就是要审核企业申请的公司名称是否和其他相关企业出现重名,如果重名,企业则必须为公司起另外的名字直到工商局审核通过为止。

（3）企业注册登记

每个进入市场的经济主体都要到工商行政管理机关进行注册登记,以此来获取正式进入市场的资格证。要求企业进行注册登记的目的是确认公司的企业法人资格,规范公司登记的行为。

（4）企业年度检验

企业年度检验是工商行政管理机关依法按年度对企业进行检查,确认企业继续经营资格的法定制度。工商局对企业的年检主要从以下4个方面予以考查:

①企业登记事项执行和变动情况。

②股东或者出资人的出资或提供合作条件的情况。

③企业对外投资情况。

④企业设立分支机构情况。

（5）企业变更和注销登记

企业法人改变名称、住所、经营场所、法定代表人、经济性质、经营范围、经营方式、注册资金、经营期限,以及增设或者撤销分支机构,应当到工商局申请办理变更登记。企业法人歇业、撤销、宣告破产或者因其他原因终止营业,同样也要到登记主管机关办理注销登记。

（6）市场监管、受理投诉

保护市场主体的利益,关键是要建立起公平合理的市场环境,为企业提供平等的交易机会和获取信息的机会,所以市场竞争行为的监督和管理必不可少。注册登记员要受理市场主体对不良竞争行为的投诉,并调查具体情况,反馈监管结果。

3）工作日志

岗位工作日志用于记录工作内容、落实工作过程中遇到的问题、解决及优化建议。

任务 2　税务局岗位

4.2.1　工作职能

实训中的税务局,是为企业生产经营服务的政务机构,主要负责企业各类应纳税的征收管理,对企业的经营决策起到一定的影响作用,因此,税务局高效的管理和运转是企业正常生产经营的必要条件,对课程的顺利开展而言是必不可少的。税务局的主要职能有税务登记、税种认定、发票管理、纳税申报、税收宣传、纳税检查等。

4.2.2　岗位设置

实训中税务局岗位设置从简,具体设置如图 4-2 所示。

图 4-2　税务局岗位设置

4.2.3　税务局局长

1) 工作职责

税务局局长是税务局的负责人,全面组织和管理税务局的所有工作。其具体职责如下:
①负责税务局的筹建工作。

②负责组织监督执行本局的各项涉税业务。

③负责组织本局人员和企业财务人员进行税收知识的培训。

④负责本局各类管理制度的拟订、实施与改善。

⑤负责解决各类税务纠纷。

⑥负责办税人员的培养、管理与考核。

⑦负责检查企业纳税申报的正确性和税务资料的完整性。

⑧负责与其他部门的沟通、协调工作。

⑨负责本部门的各项涉税业务的审批审核工作。

2）工作任务

（1）税务局团队组建

税务局团队组建是组织和开展税收征管工作的第一步。筹建工作做得越好，相应准备工作就做得越充分，之后的工作任务也就能更快、更好地完成。在招聘到税务人员后，局长应将人员分配到各自的岗位，并进行系统注册。组织员工注册完成后，开始进行税务局的布置，制作并张贴流程图、税务宣传画、税务局规章制度等。领取和清点各种税务资料、印章，组织员工学习和熟悉各类资料。

（2）制定税务局整理制度

参考国家有关税收管理规定，在规定范围内制定本局的相应制度，包括《纳税资料管理制度》《财务管理制度》《发票管理制度》《内部管理制度》。

（3）组织税务知识培训

对于纳税人来说，如何办理税务登记和怎样进行纳税申报是全新的知识。

①局长在企业正式开始生产经营之前，召集企业负责人开会，说明税务局对企业涉税事务的管理规定。要求企业负责人派专人负责涉税事务，并按时参加税务局的业务培训。

②局长定期召集企业的税务专员，并向他们讲解有关税务登记和纳税申报的相关知识和程序，要求他们按期缴纳税款，同时上交规定的税务资料。

③局长指定专门负责几家企业的税收专管员，由他们深入企业，解答企业的具体问题，并督促企业准时、准确地纳税。

（4）检查和监督纳税申报工作的开展

纳税申报是指纳税人或扣缴义务人按照税法规定定期就计算缴纳税款或代扣代缴税款的有关事项向税务机关提出的书面报告，是税款征收管理的一项重要制度。局长必须定期检查企业纳税申报的有关情况。

（5）组织开展纳税宣传工作

纳税宣传是税收征管工作不可或缺的辅助手段，税务机关通过纳税宣传普及税法知识，强调依法纳税的重要性，促进和纳税人的沟通交流。因此，税务局局长应重视纳税宣传工作，可以通过绘制宣传海报、组织税法知识竞赛等多种活动来开展宣传工作。

3）工作日志

岗位工作日志用于记录工作内容、落实工作过程中遇到的问题、解决及优化建议。

4.2.4　税务局办税员

1）工作职责

办税员是税务局一线工作人员,直接面对纳税人,负责税务局办税大厅中的各项涉税事宜。其具体职责如下:

①办理税务登记。

②办理税种认定登记和一般纳税人认定登记。

③办理发票领购事宜。

④受理纳税申报。

⑤协助局长进行纳税辅导和纳税宣传。

2）工作任务

（1）税务登记办理

税务登记是纳税人依法履行纳税义务,就有关纳税事宜依法向税务机关办理登记的一种法定手续,是整个税收管理的首要环节。实训中重点掌握企业设立税务登记。办税员应审核纳税人的申报资料是否齐备,并办理所辖企业的设立税务登记,颁发税务登记证书。

（2）税种认定和一般纳税人认定登记办理

税种认定登记就是在纳税人办理了开业税务登记后,办税员要根据纳税人的生产经营项目,确定纳税人适用的税种、税目、税率,并对纳税人进行相应的纳税指导。

一般纳税人认定是指增值税的纳税人在办理了设立税务登记之后,需要进行一般纳税人的认定,认定为一般纳税人以后才可以领购和使用增值税专用发票。一般纳税人的认定分为依条件的认定(强制认定)和依申请的认定两种情况。实训中的制造企业均符合一般纳税人的条件,办税员可将其直接认定为一般纳税人。

（3）发票领购办理

发票是会计核算的原始凭证，也是税务检查的重要依据。纳税人依法办理税务登记和纳税人税种登记之后，需要领购发票的纳税人，向办税员申请领购发票（申请人持申请材料办理）。

（4）纳税申报受理

纳税申报是指纳税人或扣缴义务人按照税法规定定期就计算缴纳税款或代扣代缴税款的有关事项向办税员提出书面报告，是税款征收管理的一项重要制度。纳税申报的形式目前主要有网上报税和直接申报，实训中采用直接申报的方式。

3）工作日志

岗位工作日志用于记录工作内容、落实工作过程中遇到的问题、解决及优化建议。

任务3 银行岗位

4.3.1 工作职能

银行是通过存款、贷款、汇兑、储蓄等业务，承担信用中介的金融机构。它主要的业务范围有吸收公众存款、发放贷款以及办理结算业务等。

实训中，银行在对单位的资金进行管理的同时对其业务提供支持。以营业网点业务为主，其主要业务有银行询证函、开立单位账户、销售支票、代发单位员工工资、单位存款业务、单位取款业务、单位转账业务、单位贷款业务等。

4.3.2 岗位设置

银行主要岗位设置如图4-3所示，实训时可根据具体情况适当调整人员的设置。

```
                    ┌──────────┐
                    │   行长    │
                    └────┬─────┘
                    ┌────┴─────┐
                    │  副行长   │
                    └────┬─────┘
          ┌──────────────┴──────────────┐
    ┌──────────┐                    ┌──────────┐
    │ 营业部主任 │                    │ 信贷部经理 │
    └────┬─────┘                    └────┬─────┘
   ┌─────┴─────┐                     ┌────┴─────┐
┌────────┐ ┌────────┐                │  信贷专员 │
│ 大堂经理 │ │ 综合柜员 │                └──────────┘
└────────┘ └────────┘
```

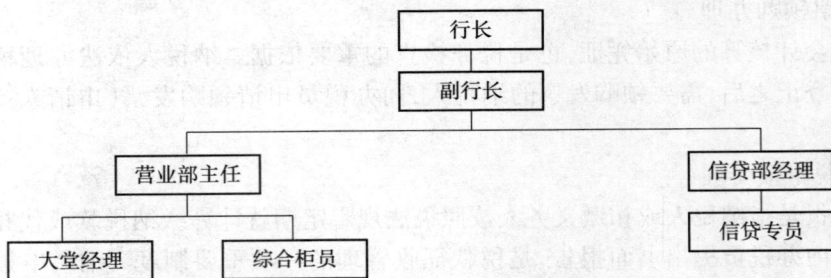

图 4-3 银行岗位设置

4.3.3 银行行长

1）工作职责

银行行长在银行的经营管理中主要扮演着决策制定、经营组织、内部管理、形象代言等角色。其工作职责主要有：

①负责银行团队建设。

②负责制定银行发展战略。

③负责银行资金有效分配。

④负责银行正常经营监督管理。

⑤负责监督、授权银行业务工作。

⑥负责银行对外联络。

⑦负责处理银行经营管理运行中存在的问题，组织收集银行运行情况和有关顾客信息，提出改进需求，保证银行有效运行和持续的改进。

2）工作任务

（1）组建银行团队

员工招聘作为银行团队建设的基础，在银行管理工作中有重要的意义。招聘工作直接关系到银行团队的形成，招聘时应根据实际岗位工作的需要，根据岗位要求，对应聘者的思想素质、道德品质、业务能力等方面进行全面考察，公平公正、择优选拔录用员工。根据银行的岗位设置招聘到合适的员工，组建一个精诚合作的人才团队。

（2）制定银行发展战略

银行发展战略决定模拟银行未来的发展方向，对增强银行自身的竞争实力，确保银行业务的持续发展起着重要作用。

（3）分配银行资金

分配资金是银行行长的一个重要任务。银行行长的财务决策直接影响银行财务状态，因此需要对银行资金进行合理、有效的分配。

①审核确定银行财务预算。

②管理银行资本，控制银行的各项大额支出。

③分析银行各战略项目,提供资金给有价值的项目。

④筹集资金创造更多价值。

(4)监督银行服务质量

银行的核心是为客户服务,银行服务质量是影响银行声誉的重要因素,是银行间竞争的重要手段,也是银行管理工作好坏的标志。因此,银行行长要重视银行服务质量管理,监督信息反馈体系和服务质量管理体系的建立与执行。

(5)授权银行业务

为加强银行内部控制,防范风险,银行大金额业务及特殊业务须双人操作,相互监督,并且根据各岗位的经办操作权限逐级办理。

(6)监督贷款业务

在银行经营过程中,风险管理放在第一位。银行行长必须对操作风险给予足够的重视,加强业务办理的监督,尤其是贷款业务。

(7)银行对外接洽、联络

银行行长是银行的代表者,就单位而言,对外接洽、联络代表着银行整体的形象,是一个重要环节。

3)工作日志

岗位工作日志用于记录工作内容、落实工作过程中遇到的问题、解决及优化建议。

4.3.4　综合柜员

1)工作职责

综合柜员主要负责银行日常的柜台工作,包括单位开户、销户、存款、取款业务,单位结算业务以及单位的对账业务。其具体职责如下:

①负责单位业务的办理工作。负责处理对公业务,包括对公业务的现金、转账业务、代

办票汇,对公开户等,做到核算准确、内容完整。

②负责办理工资代收业务。

③对授信资金按合同规定进行投放。

④根据会计制度和有关规定的要求审查凭证要素,保证受理凭证的真实性、合法性和完整性。

⑤负责审查收款凭证,确保要素齐全、准确、大小写金额一致,在现金存款单上加盖经办员名章,并逐笔登记现金收入日记簿。

⑥负责保管好印鉴卡。

⑦负责开销户等特殊业务的申请授权与操作。

2）工作任务

（1）领用现金及凭证

银行柜员在办理每日业务操作前,首先要领取一定量的现金、重要空白凭证。凭证及现金出库到柜员个人钱箱后才能进行柜员的日常业务操作。

（2）办理单位询证函

银行询证函是指会计师事务所在执行审计过程,以被审计单位名义向银行发出的,用以验证该单位的银行存款与借款、投资人（股东）出资情况以及担保、承诺、信用证、保函等其他事项等是否真实、合法、完整的询证性书面文件。

（3）开立单位基本存款账户

单位基本存款账户是指存款人为满足日常转账结算和现金收付需要在银行开立用于结算的账户。按照人民银行规定,存款人只能在银行开立一个基本账户,开立时须经中国人民银行核准。

（4）销售支票

支票是指出票人签发的,委托办理支票存款业务的银行或者其他金融机构在见票时无条件支付确定的金额给收款人或者持票人的票据。

（5）办理单位活期存款

单位活期存款是指存款人将合法拥有的暂时闲置的资金存入银行,不约定存款期限,依照人民银行公布的活期存款利率按季计息,存款人可以随时办理存取款。存款单位在银行基本存款账户中存入现金时,应填制一式两联"现金缴款单"。

（6）办理单位现金取款

单位需要支取现金,须使用现金支票。现金支票只能在该单位从银行提取现金时使用。收款人可以是单位,也可以是个人。取款单位向开户银行支取现金时,应出具"现金支票"。

（7）办理单位转账

单位之间商品交换的结算方式主要以转账或票据为主,由银行运用信用职能,通过转账结算方式办理结算。单位办理转账业务时,应向银行出具"转账支票"及"进账单"。

（8）日终处理

柜员在营业结束后,必须结平现金、核对重要空白凭证、结平账务。

3）工作日志

岗位工作日志用于记录工作内容、落实工作过程中遇到的问题、解决及优化建议。

4.3.5　信贷专员

1）工作职责

信贷专员的主要工作是营销银行产品，实施银行的信贷业务。其具体职责如下：

①积极开展单位类客户信息的收集、整理和分析工作，实施银行单位业务发展战略和营销策略。

②积极开展单位客户的营销工作，组织公司客户的联合营销，并负责单位业务的客户咨询。

③负责单位客户的贷前调查、贷中管理、贷后检查和收贷收息，以及其他各种产品与服务的综合营销。

④积极进行单位客户市场需求的研究，提出开发新产品建议，参与市场调查新产品的设计、开发和测试。

⑤资产保全工作。

⑥信贷档案的收集、整理、装订工作。

2）工作任务

（1）调查营销

信贷专员必须对市场营销环境全面了解，进行科学的分析，有针对性地进行营销。

（2）办理贷款

办理贷款的基本流程是：

①受理。自客户向银行提出信贷申请，就进入受理阶段。在此阶段，信贷专员对客户进行资格审查、要求客户提交有关材料、对客户提交的材料进行初步审查等。

②调查评价。受理客户申请后,经初步审查合格进入调查评价阶段。若初步调查不合格,则退回客户;若初步调查合格,再进行全面深入的调查评价。在调查评价的基础上,形成调查评价报告。调查评价报告须经审核人员进行审核签字确认。经调查评价合格的信贷业务,信贷专员根据各信贷业务品种特点组织调查评价报告、项目申报书、财务报表等有关资料,按银行信贷业务申报的规定报送审批。

③审批。在审批阶段,要对申报材料进行合规性审查,并根据合规的申报材料对客户申请的信贷业务进行审批。将审批结论及时通知有关人员。

④发放。对审批决策意见为同意的信贷业务,如果需要落实贷前条件,则与客户协商落实后签订各类信贷业务有关合同。合同签订后,如果需要落实用款条件,则进一步与客户协商落实。规定的条件落实后,客户可按照用途支用款项。同时,信贷专员应及时登记有关信贷业务信息。

⑤贷后管理。贷后管理包括对信贷资产的检查、回收、展期、重组及不良信贷资产经营管理等内容。在贷款到期之前,经检查认定为不良贷款的,进入不良信贷资产经营管理阶段。贷款到期,如客户未能及时履约,则决定是否同意办理展期。若不予办理展期,则进入不良信贷资产经营管理阶段。若决定对其办理展期,则按展期有关规定办理。有关信贷业务经办人员在办理各类信贷业务时应及时进行归档管理。

3)工作日志

岗位工作日志用于记录工作内容、落实工作过程中遇到的问题、解决及优化建议。

任务4　会计师事务所岗位

4.4.1　工作职能

会计师事务所(Accounting Firms)是指依法独立承担注册会计师业务的中介服务机构。

其主要职能包括以下几个方面：

1）审计

①年度会计报表审计、财务收支审计。
②厂长（经理）经济责任审计、承包经营者责任审计。
③企业解散、合并、破产审计、经济效益审计。
④专项经济项目审计、银行贷款审计。
⑤基建工程预、决算审计。
⑥其他专题审计。

2）验资业务

①企业资本金验证。
②年检、变更资本金验证。
③其他资信验证。

3）税务代理业务

①代理各税纳税申报。
②审验各税核算和汇算。
③代理税务登记、发票领结。
④制作涉税文书。

4）管理咨询业务

①担任会计、税务顾问。
②财税业务咨询。
③受托建账建制。
④资本运营咨询。
⑤可行性研究调查。
⑥其他管理业务咨询。

5）财税业务培训

①财务会计制度培训。
②税务政策、法规培训。
③会计核算业务培训。

6）资产评估

①资产转让评估，企业联营、合并、转制、分设资产评估。
②中外合资、合作资产评估。
③企业清算资产评估。

④资产抵押、担保资产评估。

⑤企业资产、租赁资产评估。

4.4.2　组织结构

会计师事务所组织结构如图4-4所示,实训时可根据具体情况适当调整人员的设置。

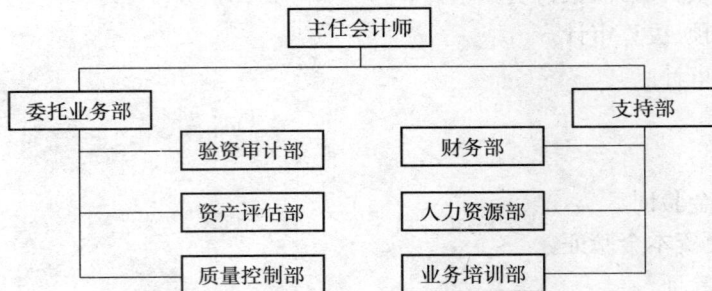

图4-4　会计师事务所组织结构

4.4.3　会计师事务所所长

1)工作职责

会计师事务所所长,同时也是事务所的主任会计师,其工作职责是负责会计师事务所的全面日常经营管理工作。其具体工作职责如下:

①全面负责会计师事务所的经营方针、政策的制定与执行。

②拟订和组织实施会计师事务所业务发展计划,对事务所内部的业务经营管理活动进行调控、协调和监督。

③组织制定并实施事务所的执业操作规程、质量监管、人事、财务等内部管理制度。

④聘任或者解除会计师事务所的相关管理人员、职工,并决定其工资、福利、奖惩。

⑤签署会计师事务所的有关法律文书。

⑥签订必须由法定代表人签字的业务报告。

⑦主持研究会计师事务所重大业务报告审计实施情况。

⑧本会计师事务所章程约定的其他事项。

2)工作任务

(1)组建团队

实训中,会计师事务所事先已经成立,在开展工作前,需要招聘员工,重新组建团队。会计师事务所成立初始,负责各部门主管的招聘,并组织构建会计师事务所组织架构。

（2）拟订和实施业务发展计划

根据会计师事务所的业务发展需要,制定事务所不同阶段(初始期、存续期、结束期)的发展计划。

（3）制定、实施相关制度

为了加强会计师事务所的内部管理,建立健全会计师事务所的内部决策和管理机制,结合实训环境,需要建立会计师事务所的管理制度,主要包括会计师事务所企业文化建设制度、人事管理制度、财务管理制度、执业质量控制制度、业务档案管理制度等。

3）工作日志

岗位工作日志用于记录工作内容、落实工作过程中遇到的问题、解决及优化建议。

4.4.4　注册会计师

1）工作职责

我国《注册会计师法》规定,注册会计师依法承办审计业务和会计咨询、会计服务业务。审计业务属于法定业务,非注册会计师不得承办。在审计业务中,又包括以下4种:

①审查企业会计报告。

②验证企业资本。

③办理企业合并、分立、清算事宜中的审计业务。

④办理法律、行政法规规定的其他审计业务。通常会计咨询、会计服务业务包括资产评估、代理记账、税务代理及管理咨询等业务。

2）工作任务

在会计师事务所经营期间,其具体工作任务包括验资业务与审计业务两项。

（1）验资业务

①签订验资业务约定书。会计师事务所在接受验资业务之前，应该与客户进行交流沟通，了解被审验单位基本情况，考虑自身独立性和专业胜任能力，初步评估验资风险，以确定是否接受委托。若计划接受客户委托，则向客户介绍会计师事务所承接验资业务需要客户进行的准备工作。会计师事务所若承接客户委托的公司设立验资业务，需与客户签订验资业务约定书，并要求客户提供相应的资料。

②编制验资业务计划。会计师事务所验资审计部的工作人员在执行验资业务时，应当对验资业务作出总体安排，编制总体验资计划。同时，工作人员在具体执行验资业务时，编制具体验资计划。

③向企业开户银行函证。会计师事务所验资人员在企业工作人员的协助下，从企业开户银行获取企业资金到位的证明，包括收款证明、银行询证函回函等。

④编制验资报告，向客户出具验资报告。会计师事务所验资工作人员通过设立验资审验程序工作后，注册会计师根据取得的资料证据和验资记录，最后编写验资报告。

（2）审计业务

①接受业务委托。会计师事务所应当按照执业准则的规定，谨慎决策是否接受或者保持某客户关系和具体审计业务。一旦决定接受委托，注册会计师应该与客户就审计约定条款达成一致意见。

②制订审计工作计划。为了保证审计目标的实现，注册会计师必须在执行审计程序之前制订审计计划，对审计工作进行科学、合理的规划与安排。科学、合理的审计计划可以帮助注册会计师有的放矢地实施审计程序和取证，形成正确的审计结论，可以使审计成本保持在合理的水平面上，提高审计工作的效率。

③实施风险评估程序。注册会计师应在了解被审计单位及其环境的基础上实施风险评估程序，以识别和评估财务报表层次以及认定层次的重大错报风险。通常情况下，实施风险评估程序的主要工作包括了解被审计单位及其环境，识别和评估财务报表层次以及各类交易、账户余额、列报认定层次的重大错报风险，确定需要特别考虑的重大错报风险（即特别风险）以及仅通过实质性程序无法应对的重大错报风险。

④实施控制测试和实质性程序。注册会计师实施的风险评估程序本身并不足以为发表审计意见提供充分、适当的审计证据，注册会计师还应当实施进一步审计程序，包括实施控制测试和实质性程序。控制测试与实质性程序之间有着密切关系。如果注册会计师认为被审计单位内部控制的可靠程度高，则实质性程序的工作量可以相应减少；反之，实质性程序的工作量会增加。但无论何时，实质性程序是必不可少的。

⑤完成审计工作和编制审计报告。完成审计工作和编制审计报告是审计工作的终结阶段。注册会计师应当按照有关审计准则的规定做好审计完成阶段的工作，并根据所获取的各种证据，合理运用专业判断，形成适当的审计意见。

【阅读材料】

审计工作是如何展开的？——一位会计毕业生的实习体会

去年的这个时候，我参加了某会计师事务所的实习培训。曾经挎着书包奔波于图书馆与宿舍之间,如今,我踌躇满志,踏着紧张有序的节奏——实习开始了,我要学真功夫!

（一）实习概况

在事务所实习,肯定不能只待在办公室,那简直是暴殄"良机"。实习的一个月中,主要的工作是出外勤,我一直在做一个集团公司的不同子公司的审计。虽然工作比较单一,但在实际过程中遇到了很多不同类型及特点的问题,带我的指导老师对我也很信任,让我独立承担某些项目——货币资金、固定资产、存货和费用等的审计。

（二）有的放矢

有的放矢,即执行一项审计程序之前首先要清楚执行的目的以及要达到的效果,这是我本次实习最深刻的体会,也是我可以出色完成任务以及更好地掌握和运用专业知识的关键所在。每次接到注册会计师分给自己的任务,在快速浏览审计程序之后,我都会主动向注册会计师表述自己的理解和自己把握不准的地方,明确执行一系列程序要达到的目的和效果,并且在与注册会计师沟通的过程中,注意从中抓住某个科目的审计要领。这是他们的经验之谈,很多是书本上根本没有的。

掌握这样的要领之后,我发现有时候完全可以通过其他更简单的方式达到同样的效果,工作也得到了注册会计师的好评。真是磨刀不误砍柴工,大大提高了我审计的工作效率和效果,起到了事半功倍的效果。而有的实习生接到任务之后稀里糊涂、盲目地照着审计程序埋头苦干,却不知道自己执行一系列程序要达到什么目的,结果在注册会计师审核的时候屡遭批评,徒劳无功甚至要返工!

（三）交往艺术

1. 与客户的沟通

在审计工作中,良好的人际交往技巧至关重要,对此我深有体会。抽查凭证、查找资料、解释问题……这些都要直接与客户打交道,特别是与财务人员的沟通。不要认为自己是实习生就不自信,要显得老练,让客户对你有充分的信任。在与客户讨论问题的时候,要让客户觉得你是内行,只是因为各个企业具体情况不同而要了解一下本单位的特殊情况而已。随着与客户交往的频繁,我已经慢慢地领悟了与客户交往的要领,一个月的体验之后,我已经可以与客户谈笑风生,融为一体了。

2. 与同事的交往

工作底稿是与事务所同事沟通的最好语言。

实习刚开始的时候,与事务所的同事有些陌生,并没有太多的言语,只是请教一些问题而已。我所做的就是认真完成我的审计程序,做好工作底稿。我努力使我的工作底稿条理清楚、逻辑清晰,并尽可能以最简短的语言呈现最充分的信息。我的工作态度、专业知识、分析问题的能力全都在工作底稿上体现得淋漓尽致,一时间,我的工作底稿在我们的外勤组已"小有名气"。

（四）结束语

实习的一个多月,许多原本模糊的审计问题也变得清晰了。这次实习获益颇丰,在第二课堂中加深了对审计工作的理解。此外,我还认识了许多良师益友,这对今后的学习和工作都大有帮助。

3）工作日志

岗位工作日志用于记录工作内容、落实工作过程中遇到的问题、解决及优化建议。

项目 5　电子沙盘经营

在综合认知企业经营后，为了更真实地体验现实社会的运作环境，使我们像真正经营企业一样负责任地做好每项决定，认真执行好每项工作，让我们启动"理财之道"电子沙盘，开始惊险、刺激的商战之旅，打造自己的商业王国吧！

"理财之道"是一套财务管理技能的综合训练平台，它提供一个模拟的市场环境，参加训练的所有学生分组组成多家企业，并在一个共同的环境下相互对抗竞争，小组成员分别担任企业的总经理、财务经理、资金经理、投资经理、成本经理、财务助理等角色，全面体验企业的规划、创立、发展、成长的各个阶段。企业发展中的各项财务管理工作以及其他企业运营管理工作等各个方面的经营决策，均由团队成员根据市场发展与竞争形势的变化独立完成，最终通过平衡计分卡的综合评价分数来全面衡量模拟企业的经营绩效。

任务 1　教学准备

由于"理财之道"课程的实践教学特性，因此，充分做好授课前的各项准备工作，可以更好地提升授课质量与教学效果。

5.1.1　教师的课前准备

本课程的授课教师在正式授课前可以完成以下几项准备工作：

1）教学授课准备

①教师应在课程实施前参考本书中相关内容以及教学任务，完成实训教学备课工作。具体内容应根据学生专业背景情况以及教师擅长领域进行调整，对财会相关专业的学生侧重理解与应用，帮助学生更好地理解财务管理在企业管理中的使用。

②将课程的教学内容和教学目标告知学生，以便于学生在课前就相关的知识进行预、复习，做好充分的准备工作，以提高课堂教学效率，提升实训教学效果。

③将"理财之道"模拟软件中与经营有关的数据规则下发给学生，以便于学生在课前对模拟商业环境有所熟悉，正式上课时可以快速进入实战演练状态。

2）学生管理准备

①确定学生数。提前一周统计好将参加本次实战课程的学生名单，为便于授课中教师与学生的交流以及相互讨论学习，保证教学效果，应尽可能控制班级里总的学习人数，一般以40～50人为佳。当然，如果学生较多而又无法安排多个班学习，也可以扩大参加学习的学生数量。具体人数由教师根据学校实际情况安排。

②确定小组数。本课程要求学生组成4～6人的实践小组参加课程，进行分组对抗实战。因此，教师需要与学生沟通后将所有学生分成若干个学习小组，由教师自行决定参加课程学生的分组安排。在分组时要注意，如果是同一个班级或专业的学生，一般可根据学生的成绩及综合能力平均分配；如果是不同专业的学生共同学习，要将不同专业学生混合分在一个组中，以使小组中学生的知识面更加全面。分组的原则是尽可能保持每个小组的学生人数、综合实力、背景知识相差不大，便于实战学习提升各组间的对抗性。

③教师将分组好的学生名单告知学生，以便于学生在课前进行相关知识的准备工作，同时可以与同组学生就课程背景与内容进行讨论交流。

④至少提前一天，教师应登录"理财之道"对抗平台，创建准备授课的班级，配置演练环境，熟悉平台的使用。

5.1.2　学生的课前准备

①根据分组好的结果，与自己所在的小组组员建立联系，打造良好的合作情感基础。

②与小组内的所有成员一起，就模拟商业环境的数据规则和商业环境介绍进行讨论，熟悉将要参与企业竞争的内、外部商业环境。

③在课前完成相关知识的自学，根据学生所在专业及学习情况而不同。

④在课前根据教师下发的教学目标与教学内容，完成相关知识内容的预、复习。

⑤做好人员分工，初步确定模拟企业的各岗位人选，根据岗位职责要求明确每个人职责，并根据模拟演练的理解准备好实战课程中可能会用到的表格。

⑥将准备中碰到的所有问题与使用中的疑问，全部整理记录下来，在正式上课时提交给教师解答。

任务2　"理财之道"系统启动登录

"理财之道"整个系统平台包括了服务器端、教师端、学生端3个部分。要运行"理财之道"系统，首先需要启动安装"理财之道"系统所在的服务器电脑，运行SQL Server数据库，再运行服务器上的"理财之道"数据处理中心程序，启动服务。正常启动运行后，"理财之道"服务程序的窗口会显示在桌面上。

5.2.1 教师端使用说明

1)启动"理财之道"教师端

运行"理财之道"教师端程序,出现以下界面,如图5-1所示。

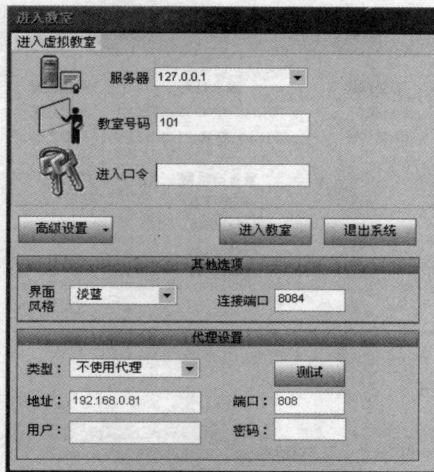

图5-1 进入教室

提示:

①服务器:所要连接的服务器,如是本地,需填写自己的 IP 或者是 127.0.0.1。

②教室号码:从 101 到 109,从 201 到 208 等。

③进入口令:如果教师没有密码,则不用填写。

④连接端口:8084。

2)新建班级

新建班级如图5-2所示。

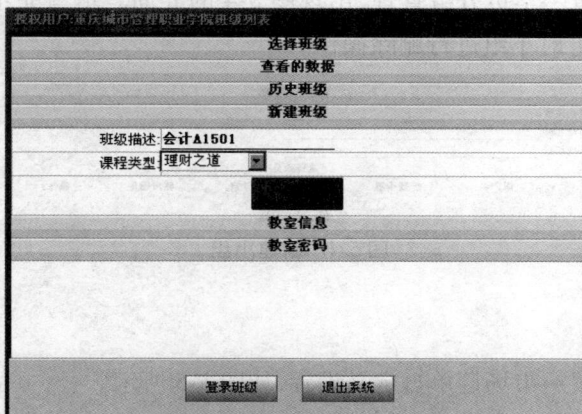

图5-2 新建班级

提示：

①班级描述：填写新建班级名称。

②选择课程类型，单击"保存"按钮即可。

3）登录班级

登录班级如图5-3所示。

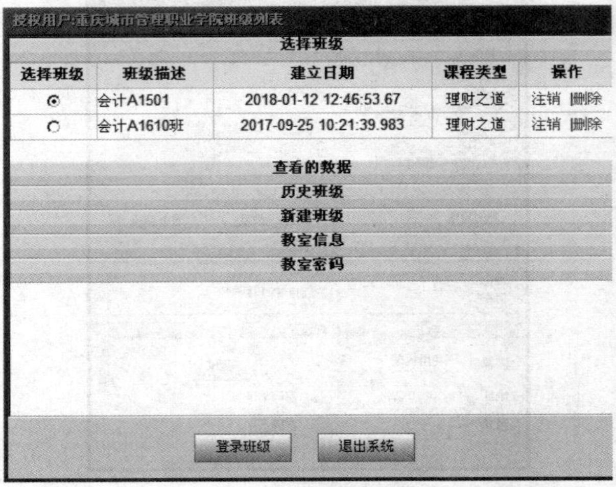

图5-3　登录班级

提示：

①可对班级进行一些操作，查看班级的信息、教室信息，修改教室号码。

②选择班级，登录即可。

③当班级被注销后，会在历史班级中显示，如果打算使用这个班级，单击"激活"按钮即可；当班级被删除后，里面的信息都被删除，不能恢复。

4）新建小组

选择系统参数设置→学员分组管理，出现图5-4的界面。填写完小组信息后，单击"保存"按钮即可。同时，可对小组进行删除操作。

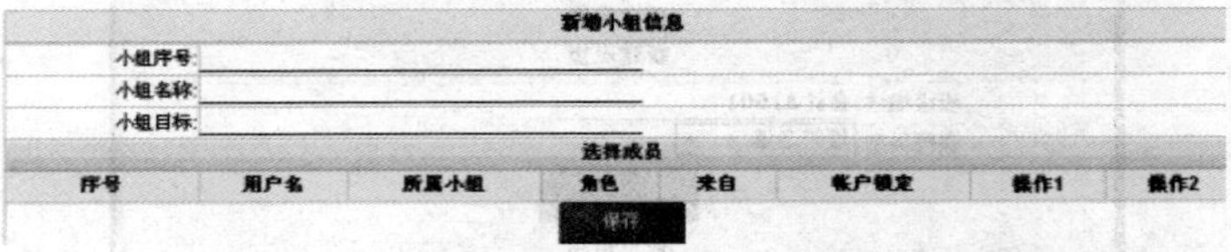

图5-4　新建小组

5）市场订单设置

选择系统参数设置→市场订单自定义设置，如图5-5所示。

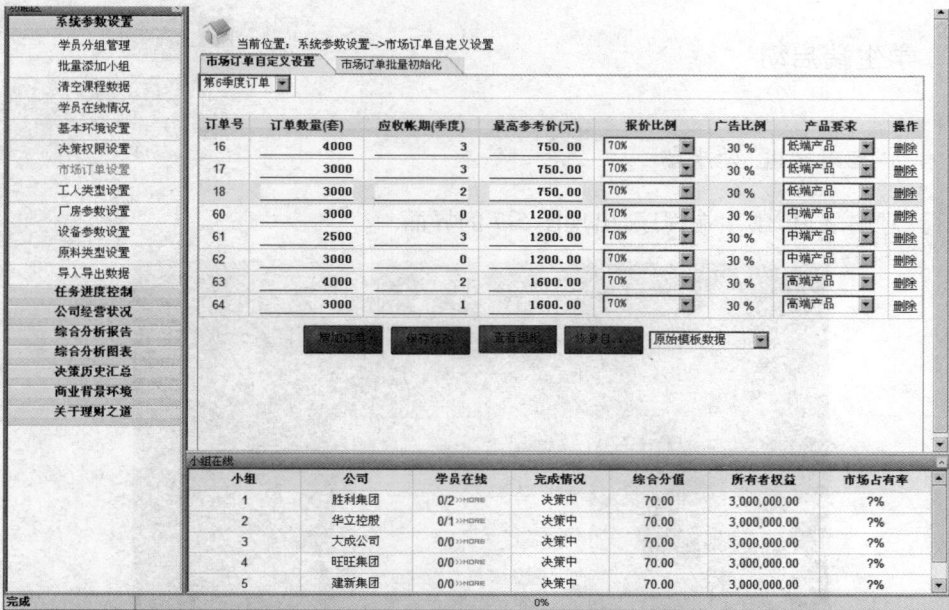

图 5-5　市场订单设置

可以根据自己的需求对订单进行增、删、改的操作。选择市场订单批量初始化,如图 5-6 所示。根据新建的小组数量来初始化为几个小组的订单数量。

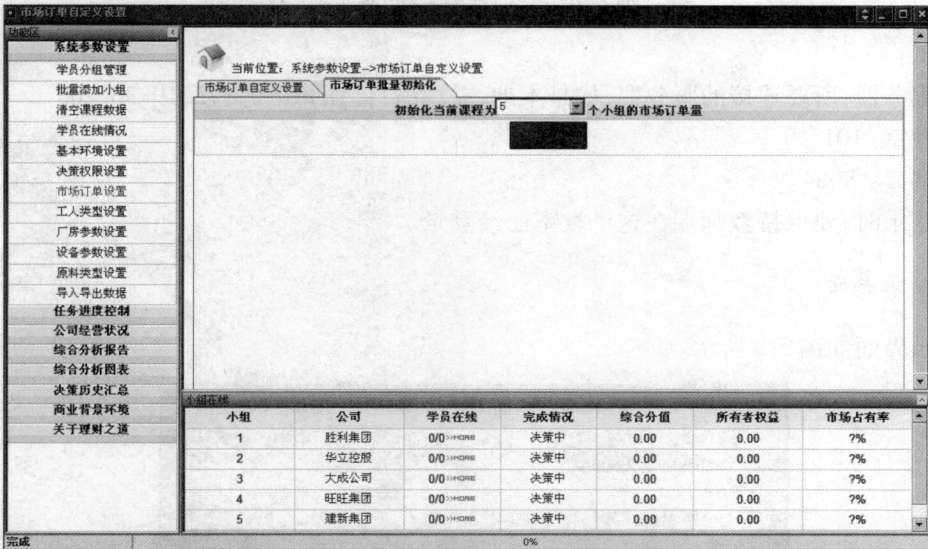

图 5-6　市场订单批量初始化

6)其他设置信息

根据自己的需求来调整参数的设置,一般情况下,默认即可。

5.2.2　学生端启动

1）启动"理财之道"学生端

运行"理财之道"学生端程序，出现图 5-7 的界面。

图 5-7　启动"理财之道"学生端

提示：

①服务器：所要连接的服务器，如是本地，需填写自己的 IP 是 172.19.36.200。

②教室：101。

③端口：8084。

④登录时，要保持教师端在这个教室已经登录。

2）登录界面

登录界面如图 5-8 所示。

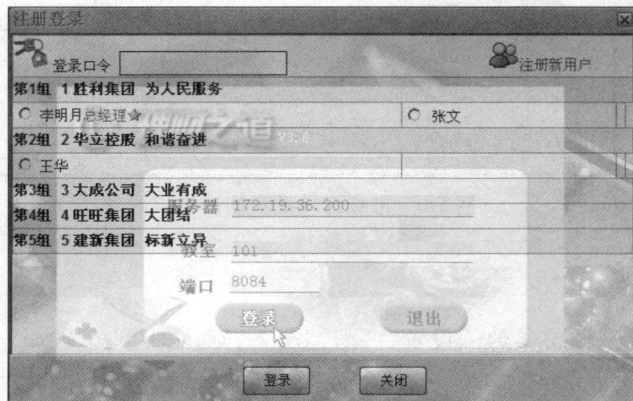

图 5-8　学生端注册登录界面

3)注册新用户

单击右上端注册新用户,如图5-9所示。填写完小组成员信息,单击“注册”按钮即可完成。注意:这里的密码就是登录时的登录口令。

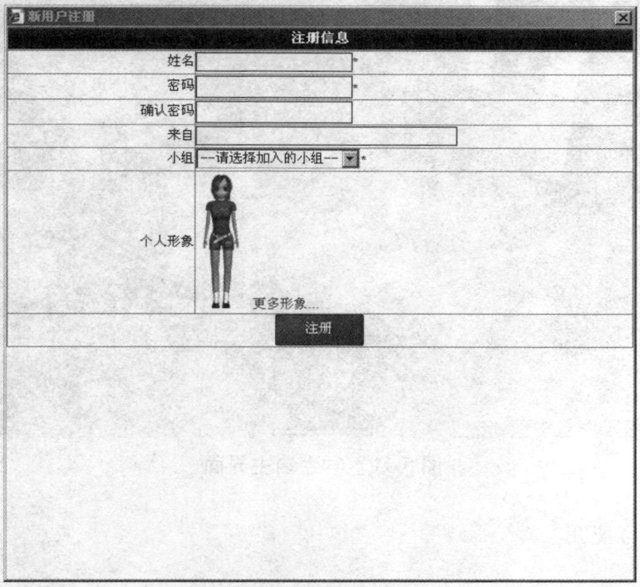

图5-9　注册新用户

注册完成后,会显示被锁住的状态,这时需要教师端的解锁,才能进入。

4)账户解锁

教师端如果没显示小组成员的信息,按F5或者是右键单击刷新即可,如图5-10所示。

序号	用户名	所属小组	角色	来自	帐户锁定	操作1	操作2
☐	志华	阿里妈妈(A)	0			删除	清空密码

保存

图5-10　账户解锁

提示:

①单击“账户锁定”一列锁形按钮,即可完成解锁。

②教师端解完锁后,如果学生端还显示被锁住的状态,可按F5或者是右键单击刷新,显示被解锁的状态。

③如果设置密码的话,填写登录口令,登录。

5)重新登录,进入主界面

学生端程序运行并成功登录后,进入的学生端程序主界面如图5-11所示。

图 5-11　学生端主界面

6）导航仪表盘的使用

导航仪表盘的分布情况如图 5-12 所示。单击上面的各个按钮可以快速进入相关部门，方便在不同部门和机构间快速切换。如单击"公司"按钮，可以快速跳转到我的公司办公场景；单击"主"按钮，可以快速回到主场景等。

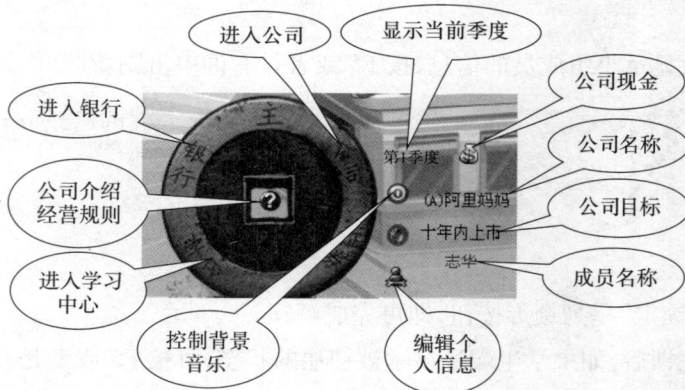

图 5-12　主控制盘

7）编辑个人信息

单击导航仪表盘上"编辑个人信息"按钮，完善个人信息，并进行角色配置，如图 5-13 所示。

图 5-13 编辑个人信息

任务 3 公司经营

5.3.1 公司场景功能分布

在运营阶段,学生端大部分工作主要是在公司内部完成。公司内部包括投资部、人力资源部、财务部、生产部、销售部等部门,另外,总经理也可以操作管理。公司场景功能分布如图 5-14 所示。

图 5-14 公司场景功能分布

5.3.2　厂房购置或租赁

进入公司场景后，先到生产部购置或租赁厂房，单击"生产部"按钮即可。在决策内容里面，选择厂房购置，在下拉框中选择厂房的类型，会显示厂房的信息，根据公司经营的需求，选择购置或租用。完成后在下面会显示厂房的一些信息，鼠标移上去会提供详细的信息，如图 5-15 所示。

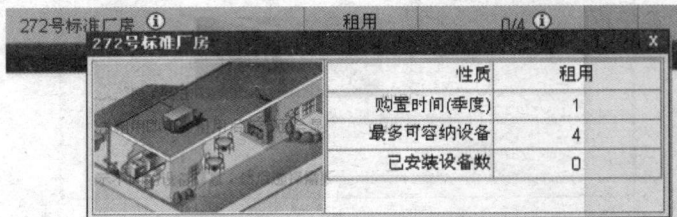

图 5-15　厂房购置信息

提示：

①在本季度厂房中没有设备的情况下，可以进行撤销操作。

②如果不是本季度租用的厂房，不能撤销，只能进行退租操作。

③租用厂房前可查看规则说明。

5.3.3　设备购置

在决策内容里，选择设备购置，在下拉框中选择不同类型的设备，查看设备信息，然后根据公司经营的需求选择特定的生产线，在厂房的下拉框中选择需要安装到的厂房，单击"购买"按钮即可。购买后在下面会显示被购买设备的一些信息，鼠标移上去会提供详细的信息，如图 5-16 所示。

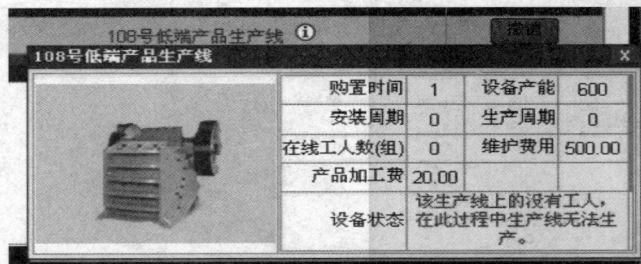

图 5-16　设备购置信息

提示：

①在生产线没有工人、没有在生产，并且是本季度购买的生产线，可以进行撤销的操作。

②如果生产线不是本季度购买的，即便没有工人且没有在生产，也不能进行撤销的操作，只能出售生产线。

③设备购置前可查看规则说明。

5.3.4 人员招聘

进入"人力资源部",在决策内容里,选择人员招聘,在工人类型下拉框中选择不同类型的工人,查看工人信息,然后根据公司经营的需求选择个人类型安排到同种类型的生产线下,如高端生产线下的一组工人安排到高端生产线下。招聘后在下面会显示被招聘的工人信息,鼠标移上去会提供详细的信息,如图5-17所示。

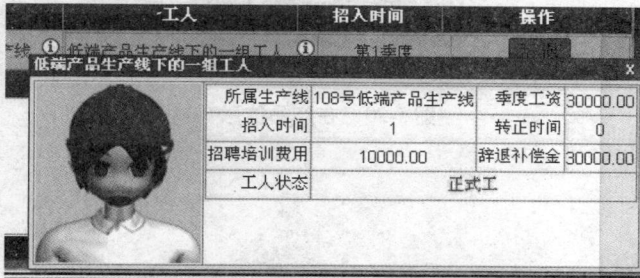

图5-17 人员招聘信息

提示:

①如果工人的转正时间为0的话,即为当期转正,不能撤销,只能辞退,辞退要支付辞退补偿金。

②如果工人的转正时间为1的话,即为1个季度的试用期,在试用期内可以撤销,不用支付辞退补偿金。

③人员招聘前可查看规则说明。

5.3.5 原料购置

进入"生产部",选择原料购置,填写不同原料类型的数量,保存即可完成原料的购买。可以撤销购买的原料,鼠标移到原料类别上,显示原料信息,如图5-18所示。

图5-18 原料购置信息

提示:

①可以撤销购买的原料,如果本批原料有一部分被用掉的话,则不可以撤销。

②原料购置前可查看规则说明。

5.3.6 生产投料

单击"生产投料"按钮,选择厂房中的设备,显示生产线的详细信息,查看设备状态,如图5-19所示。

图 5-19　设备状态信息

　　然后选择跟生产线对应的产品,会显示生产该产品的原料信息,填写生产的数量,单击"生产"按钮。生产投料前可查看规则说明。

　　可以撤销生产的产品,把鼠标移到在制品的数量上,如图 5-20 所示。

图 5-20　在产品信息

5.3.7　产品报价

　　进入销售部,选择"产品报价",根据所生产的产品来进行广告投入或者报价。鼠标移到蓝色字体上会显示解释信息,可以查看产品报价的规则说明。订单的条数是根据教师端市场订单设置来初始化。

5.3.8　订单交付

　　进入下个季度后,得到订单,然后根据库存成品的数量,填写对应产品交付的数量,单击"交付"按钮即可。

5.3.9　银行借款

　　在导航仪表盘中选择银行,进入银行后,选择"信贷业务"→"银行借款"→"借款的类型",填写借款的金额,然后申请贷款即可。申请后在下面会显示申请贷款的信息。只有在总授信额度和本期授信额度都大于 0 时,才能借款。

任务4　上课任务进度控制

　　在"理财之道"中,所有学生端的运营决策进度均由教师统一控制。教师端程序控制任务进度非常方便,每个阶段只需单击一次控制按钮即可。选择"系统参数设置—任务进度控制",可结束当前任务并发布下一个任务,如图 5-21 所示。

　　整个训练课程一般运营 8 个季度,即从第 1 个季度到第 8 个季度。如果需要也可以继续运营下去,但一般最多运营 12 个季度。最少要求运营 5 个季度,否则数据量不够,训练效果达不到最佳。

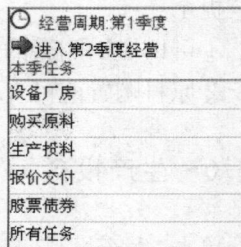

图 5-21　任务进度控制窗口

选择本季任务下的各任务,在主窗体可看到各小组每一项任务的完成情况,如图5-22所示。

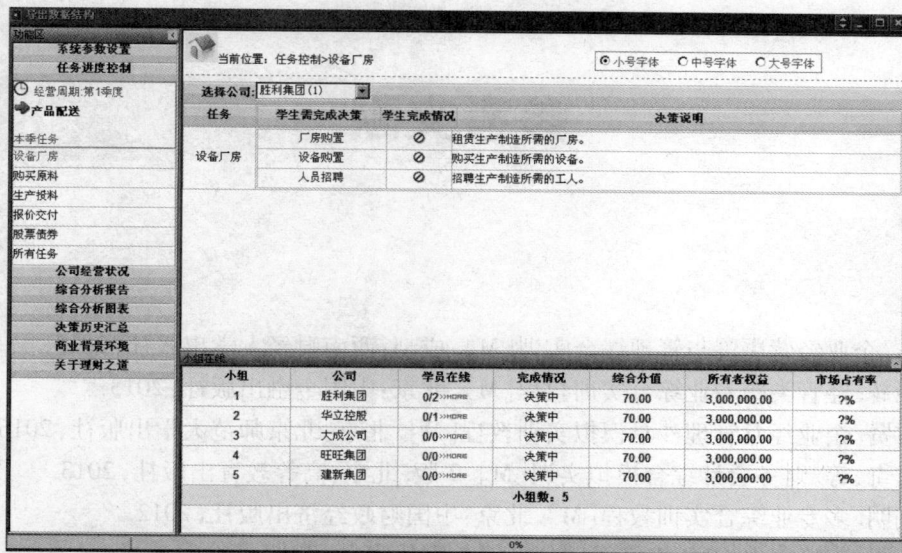

图 5-22　学生任务完成情况

每单击一次"进入第×季度",即自动进入下一季度运营周期;再单击一次,将进入当前季度末的发货阶段,各小组完成交货任务,再单击则结束当前任务,进入下一个季度的运营管理。如此循环直到整个运营全部结束。

参考文献

[1] 黄洁.企业经营决策与管理综合实训[M].成都:西南财经大学出版社,2015.

[2] 崔艳辉.经管类跨专业综合实训教程[M].北京:中国金融出版社,2013.

[3] 吴雪贤.企业经营管理沙盘模拟实训教程[M].北京:北京师范大学出版社,2016.

[4] 吴鑫奇,等.财务会计综合模拟实训[M].2版.北京:高等教育出版社,2013.

[5] 叶剑明.多专业综合实训教程[M].北京:中国财政经济出版社,2012.

[6] 陈家强.三峰家电 O2O 推广案例分享[J].现代家电,2017(14).